당신의 뇌를 공감 합니다

당신의 뇌를 공감 합니다

지은이 고보

타인의 뇌를 경험하는 역할놀이 사고법

공감은 뇌가 펼치는 연극이다!

우리는 실제로 보는 것을 믿는 것이 아니라
뇌가 "경험대본으로 만들어낸 연극"을 믿는다.

타인의 뇌를 경험하라

공감은 타인의 감정과 관점을 이해하는 능력이자 과정이며, 두뇌 신경망 '시스템'이 활성화된 결과다. 그동안 수많은 사람들이 이 공감 시스템을 잘 작동시킬 수 있는 방법을 찾기 위해 끊임없이 연구를 해왔는데, 내가 찾은 방법은 바로 '연극'이었다. (이 책에서 언급하는 '연극'의 개념은 TV 드라마, 영화 등 우리가 접하는 다양한 역할극과 연극적 요소를 모두 포괄하는 용어이다.) 우리가 TV 드라마를 통해 매일 시청하고 경험하는 그 연극 말이다.

드라마 주인공이 슬퍼서 눈물을 흘릴 때, 그 주인공과 감정을 공유하며 눈물을 흘려본 적이 있는가? 바로 그때가 타인의 뇌를 자동 경험하는 순간이다. 그게 가능한 것은 우리가 배우, 관객과 같은 연극적 역할들을 경험할 때 활성화되는 두뇌 신경망 시스템, 즉 '공감 시스템'이 있기 때문이다. 그래서 연극과 역할극의 원리를 이해하는 것은 공감 시스템의 사용 설명서를 읽는 것과 같다. 또 연극적 경험과 역할을 상상해 보는 것은 이 시스템의 작동 버튼을 누르는 것과 마찬가지다.

"어떻게 해야, 직장인들의 두뇌공감 시스템이
활성화되는 연극적 교육 상황을 연출할 수 있을까?"

　이것은 기업 강사로서 연단에 서 왔던 필자를 끊임없이 괴롭혀온 질문이다. 그리고 그 질문에 대한 해답을 찾다 보니 그냥 일반적인 강사가 아니라 '강연극 연출가'가 되었다. 강사 혼자서 떠들다 끝내는 일방통행의 강의가 아니라 배우들과 함께 교육생들을 연극 속으로 끌어들여, 직접 타인의 뇌를 경험하는 기회를 갖는 '강연극'을 개발, 연출할 수 있었다.

　강연극은 강의와 연극을 적절히 조합해 진행하는 하이브리드 형태의 기업교육 연극으로서 필자가 이것을 개발할 수 있었던 건 단순히 연극을 전공했기 때문은 아니었다. 그 바탕은 오히려 직장인이자 기업 강사로서 23년이 넘는 시간 동안 약 5만여 명의 직장인들과 교육담당자 그리고 다양한 기업교육 상황을 직접 경험했기 때문이었다.

　간혹 우리는 공감을 단순히 타인의 감정에 맞춰 주는 표현 행위 정도로 가볍게 여긴다. 이것은 그동안 받아왔던 공감에 관한 교육들이 주로 '표현'을 강조하는 형태가 많았기 때문일 수 있고, 또 피부를 파고들어 상대의 내면에 감응하는 진짜 공감 경험보다 '공감하는 척'만 하는 가짜 감정 그리고 위장된 감응을 피력했던 적이 더 많아서인지도 모른다. 그러다 보니 우리가 알고 있는 공감은 표면적으로 드러난 감정과 표현에 지나치게 치우칠 때가 많았던 것이다.

물론 위장된 '가짜 공감'이 무조건 나쁘다는 건 아니다. 오히려 그 반대다. 특히 직장에서 자신에게 맡겨진 역할을 수행하다 보면 상사, 동료, 고객들과 얼굴을 마주하면서 어쩔 수 없이 '위장된 공감'을 보여줘야 하는 순간이 반드시 찾아온다.

진심 어린 공감 표현은 물론이고, 어찌 보면 거짓 연기처럼 느껴지는 '의도적인 공감 행위' 모두가 인간관계와 사회생활에서 반드시 필요한 능력이다. 문제는 상대의 말과 행동이 전혀 이해되지 않음에도 계속해서 공감하는 척하는 표면적 행위에만 몰두하고 있을 때다. 그러면 자칫 자신과 자신이 맡고 있는 역할에 회의와 거부감이 들게 되고, 자기 자신에 대한 공감부터 되지 않으니 타인을 이해하고 공감하는 건 더 어려운 일이 된다. 그런 상태에서도 계속해서 공감하는 척하는 행위에만 몰두하게 되면 감정 소진이 가속화되고, 공감을 표현하는 행위는 종종 감정 노동으로 전락하게 된다. 그때 공감은 고통이 된다.

필자가 하는 강연극은 이런 공감의 형식적 측면을 해체하고, 당사자인 교육생들을 3자 입장에 서보도록 함으로써 그들의 소통 문제를 눈앞에 마주할 수 있도록 한다. 즉 기존과 다른 관점을 통해 문제를 보는 '관람력'을 갖게 한다. 상황 속 당사자 역할에서 벗어나 관객의 시선으로 자신이 겪고 있는 상황을 지켜보게 되면, '공감하는 척' 하는 행위가 저절로 멈춰지게 된다. 즉 자기가 가지고 있는 문제를 관객으로서 지켜보게 되는 연극적 경험은 타인의 시선으로, 즉 객관적으로 내가 가진 상황을 보고 해석하게 만들어 기존과는 다른 감정과 관점을 갖게 한다. 이런 연출 환경이 곧 강연극으로 설정된 공감 시스템이다.

강사의 백 마디 말보다도 강연극의 상황을 지켜보는 관객이 되어보면, 그 즉시 문제에 대한 인식 태도가 달라지는 걸 볼 수 있다. 공감과 소통이 되지 않아 고통스러워 하는 '현실 속 배우' 역할에서 벗어나 그 상황을 그저 호기심을 가지고 구경만 해도 괜찮은 '연극 속 관객' 역할로 바꾸게 되어서 그렇다. 직접 타인의 입장을 체험해 봄으로써 자신의 문제가 무엇이었는지를 스스로 깨닫게 하는 것이 연극을 활용한 교육인, 강연극의 진정한 힘이다.

나는 종종 강연극에 등장하는 직장인 캐릭터를 연기하는 배우들에게 진지하게 감정 이입을 하는 직장인 관객들의 눈빛에 주목한다. 그런 그들이 직접 배우가 되어 연기를 해보는 '역할 바꾸기' 경험은 강연극의 하이라이트이자 피날레이다.

이런 연극적 경험은 그동안 일상에서 무의식적으로 해왔던 행동들에 대해 곱씹어 보게 만드는 역할을 한다. 무심코 반복해 왔던 원치 않는

'자동 공감 행동(Automatic empathy Behavior)'을 앞으로는 어떻게 하고 싶은지 스스로 질문하게 하여, 다른 선택과 결정을 하도록 유도한다.

이 선택에는 과거와 동일하게 행동하는 것도 포함된다. 비록 똑같은 행동일지라도, 나의 의식적인 선택과 결정이 더해진 것은 '의도적 공감 행위(Intentional empathy Act)'라고 할 수 있으며, 전혀 다른 차원의 것이라고 할 수 있다. 이는 내가 겪게 되는 상황을 어떤 식으로 해석하고, 어떤 공감 행동을 할지 스스로 선택하는 일종의 '연출력'을 갖는 것이다.

공감 표현을 많이 하는 것과 진정으로 공감하는 것은 전혀 다른 문제다. 소통을 잘한다고 스스로 자부하는 리더들 중에서도 공감 표현을 많이 하는 것을 진정한 소통이라고 착각하는 경우가 적지 않다.

공감 리더십은 안전하게 운전을 해서 서로에게 도움이 되는 목적지에 도착하고자 하는 것이다. 즉 자신과 타인의 감정과 관점을 상황에 맞게 조율하며, 서로가 원하는 목적지로 안전하게 이끄는 것이다. 연극적 경험과 의식적으로 상상을 해보는 과정은 이러한 공감 운전을 위한 연습이자 리허설이다.

이 책은 연극을 활용한 공감 교육을 직접 개발하고 강의해 온 필자의 철학이 담긴 두뇌공감 시스템을 작동시키는 설명서다. 그래서 직접 보고 체험할 수 있는 강연극의 역할을 대신할 장치가 필요했다. 그 장치가 바로 '브레인 롤플레잉Brain Role-playing'이다.

　이 용어는 필자가 만든 개념이므로 좀 낯설게 받아들일 수도 있지만, 간략하게 설명하자면 '공감을 할 때 뇌가 펼치는 연극'이라는 의미를 지닌다. 또한, 이 책 중간 중간에는 '가상의 직장인 캐릭터들의 머릿속에서 펼쳐지는 연극 이야기'가 삽입되어 있는데, 그 명칭 역시 '브레인 롤플레잉'이다.

　이것은 독자 여러분으로 하여금 타인의 뇌를 의식적으로 경험하는 상상을 도와줄 것이며, 공감하는 두뇌 작동 원리를 쉽게 이해할 수 있도록 해 줄 것이다. 브레인 롤플레잉임을 이해하고, 상황에 적합한 두뇌공감 시스템을 운전할 수 있다면, 당신은 공감 소통을 잘하는 리더가 될 수밖에 없다.

　자, 그럼 타인의 뇌를 경험해 보는 공감 연극의 막을 올리도록 해 보자!

CHAPTER 2
공감 시스템

CHAPTER 1

역할극을 통한
타인의 뇌 경험하기

공감은 뇌가 펼치는 연극이다

'라면' 된다

"맛있어?"

중학교 때 일이다. 내가 라면을 먹으려고 젓가락만 들면, 첫째 언니가 기웃거리며 이런 '당연한' 질문을 던지곤 했다. 다섯 남매 중 셋째였던 나는 언니와 네 살 터울이었고, 당시 언니는 맏이답게 카리스마가 있었다. 하지만 라면 앞에서 카리스마 넘치는 모습 따위는 온데간데없다. 언니는 상냥한 미소를 장착한 낯선 타인으로 변신해 나에게 사정을 했다.

"한 입만!"

한 입만이 아니라는 걸 빤히 알면서도 그 애절한 눈빛에 매번 내 젓가락은 언니에게 넘어갔다. 그 젓가락은 다시 돌아오지 않았고, 나는 결국 라면 한 봉지를 더 뜯어야만 했다. 가스레인지에 물을 올리며, 연신 '왜 저래?'를 외쳤었다. 분명 라면을 끓이기 전에, 먹을 건지 의향을 물어봤기 때문이다. 그땐 안 먹겠다고 해 놓고, 라면이 완성되면 왜 뺏어먹는 걸까?

언니가 왜 그런 행동을 하는지 이해하는 건, 인간인 우리에겐 식은 죽 먹기다. 누구나 이와 비슷한 경험을 한 번쯤은 해봤기 때문이다. 분명 먹고 싶은 마음이 없었는데, 남이 무언가를 먹고 있는 걸 보면 먹고 싶은 마음이 생긴다. 자동으로 침이 고이고, 젓가락을 뺏고 싶은 충동이 생긴다.

음식만이 아니다. 빨간 립스틱을 바른 친구를 보자, 나도 갑자기 빨간 립스틱을 바르고 싶어진다. 종이 끝에 손가락을 베인 동료를 보면, 마치 내가 손가락이 베인 것처럼 손을 움찔거린다.

이 모든 것이 내 의지와는 상관없이 자동적으로 발생하는, 일상에 스며있는 공감 경험들이다. 정확하게 말하자면, 공감을 가능하게 하는 신경망 시스템이 활성화되면서 형성되는 공감의 토대가 되는 감정들이다.

이렇게 타인의 뇌를 자동 복사해 저절로 공감이 되는 이유는 뭘까?

바로, 우리 뇌에 그와 같은 작용을 하는 신경망 시스템이 존재하기 때문이다. 그 시스템이 자동적으로 활성화됨으로써 내 의지와는 상관없이 공감 모드가 돼버린 것이다.

먹는 라면 = 거울 시스템(Mirror System)

내가 라면을 먹을 것인지 의향을 물었을 때, 언니는 진짜 먹고 싶은 생각이 없었을 수도 있다. 그런데 내가 먹는 모습을 보는 순간, 언니 뇌의 몇몇 부위가 자동으로 활성화 되어 먹고 싶은 마음이 생긴다. 이 부위는 내가 라면을 먹을 때 활성화된 내 뇌 부위와 같다. 행위를 하는 나와 그

걸 본 언니 뇌의 동일한 부위들이 활성화된 것이다.

이런 두뇌 작동을 '거울 시스템'이라고 한다. 거울 시스템은 전두엽의 전운동피질(Premotor Cortex), 두정엽의 하두정소엽(Inferior Parietal Lobule) 및 전두두정 연결부위(Anterior Intraparietal Area), 측두엽의 상측두고랑(Superior Temporal Sulcus, STS) 등 여러 부위가 관여한다. 활성화되는 부위는 고정된 것이 아니라 특정 행동이나 상황에 따라 달라질 수 있다. (출처: 크리스티안 케이서스의 『인간은 어떻게 서로를 공감하는가』, 매튜 D. 리버먼의 『사회적 뇌』 등) 이 시스템은 의도적으로 활성화 시킬 수도 있지만 보통은 보고, 듣고, 경험하는 순간 자동모드로 작동된다.

과거에 비해, 우리는 지나칠 정도로 이런 거울 시스템이 활성화되는 환경에서 살고 있다. 여기에는 수많은 타인과 실시간 자동연결 상태를 만들어 주는 디지털 기기들과 휴대폰이 큰 몫을 차지한다. 뇌를 보조하는 '외뇌'라고도 불리는 휴대폰은 이제 우리 인간 신체의 일부라고 해도 과언이 아닐 정도다. 참 편리하고 유용하지만, 자주 우리의 감정 에너지를 잡아먹는 흡혈귀 역할을 맡기도 한다. 실시간으로 올라오는 타인의 사진, 영상, 문자 메시지는 거울 시스템을 자동으로 활성화시키는 대표적인 공감 버튼이다. 이로 인해 뇌는 퇴근을 하지 못하고 계속 야근을 해야 하는 공감 노동자 신세가 된다.

여기서 공감 노동자란, 내가 정의한 용어로서 끊임없이 타인을 의식하고, 타인의 감정과 관점을 이해해야 하는 환경에 놓여 있어 두뇌의 공감 시스템이 과도하게 활성화된 사람을 의미한다. 이런 두뇌 작동에 대해 이해가 되었다면, 가끔은 의식적으로 휴대폰과 거리를 두는 쉼의 지혜도 필요하다는 걸 깨달을 수 있을 것이다.

타인의 뇌를 공감하게 만드는 두뇌 신경망 시스템이 우리 뇌 속에 존재한다는 것은 반가운 일이다. 하지만 이를 조절할 수 있는 능력이 우리에게 전혀 없다면 이 시스템은 오히려 공감에 독이 될 수 있다. 거울 시스템이 시도 때도 없이 지나치게 활성화된다면, 우리는 그만큼 많은 감정 에너지를 소모하게 되어 자주 감정 소진 상태를 경험하게 될 수밖에 없기 때문이다. 이는 성능은 좋지만 충전 없이 계속 사용해서 방전된 휴대폰과 같은 상태다.

그럼에도 우리는 쉽게 이를 간과한다. 다행히 우리 뇌에는 자동모드의 거울 시스템과는 조금 다른 성격의 공감 시스템도 있다. 이 역시 '라면'과 관련이 있다.

만약 라면 = 심리화 시스템(Mentalizing System)

여기서의 '라면'은 음식이 아니다. "내가 만약 ~이라면?"이라는 'If'의 가정적 질문을 간결하게 표현하기 위해 필자가 변형한 '만약 라면'이라는 용어를 말한다.

우리는 종종 타인의 말과 행동을 이해하기 위해 "내가 만약 그 사람이라면 어땠을까?"라는 질문을 스스로에게 던지고, 그 사람의 입장이 되어보는 상상을 한다. 그리고 그 입장에 서서 "왜냐하면~"으로 시작하는 이유를 찾기 시작한다.

이때 뇌 전체에 걸쳐 몇몇 부위들이 동시에 활성화된다. 이런 두뇌 작동을 '심리화 시스템'이라고 하는데, 심리학 교수인 매튜 D. 리버먼이 그의 저서 『사회적 뇌』에서 심리화 작업이 이루어질 때 거의 항상 활성화된 뇌 부위들을 근거로, 이들 부위를 '심리화 시스템'이라고 명명했다.

이 시스템은 배내측 전전두피질, 측두두정 접합, 후대상, 측두극 등의 여러 부위를 포함한다. 이는 거울 시스템과 마찬가지로 활성화 부위는 고정된 것이 아니라 어떤 심리화를 하느냐에 따라 달라질 수 있다. '심리화'는 '정신화', '멘탈라이징Mentalizing'이라고도 불리며, '마음을 읽고 헤아리는 능력'을 말한다. 이 시스템이 활성화되면 뇌는 타인의 마음을 이해하기 위해 애쓰게 된다.

물론 이 활성화가 늘 이로운 공감 행위로 이어지는 것은 아니다. 그러나 우리 뇌에 이런 시스템이 있기 때문에 이를 잘 활용할 수만 있다면 내가 공감하고 싶은 타인의 뇌를 얼마든지 내 의지대로 상상하고 경험할 수 있다.

거울 시스템이 자동 공감 모드에 가깝다면, 심리화 시스템은 어느 정도 내 의지와 선택을 통해 조절 가능한 시스템이라고 할 수 있다. 단, 이는 거울 시스템과 비교할 때 어느 정도 조절이 가능하다는 것이지, 완전히 내 마음대로 컨트롤을 할 수 있다는 의미는 아니다. 그래서 공감이 어떨 땐 쉽고, 어떨 땐 어려운 난제가 되는 것이다.

역할놀이 사고

'If' = '만약 라면'

이 간단한 단어가 우리를 쉽게 연극적 상상의 세계로 이끈다. 마치 배우가 타인의 역할을 입고 그 인물로 변신하듯이 우리를 타인의 뇌로 순간이동 시킨다. 이 '내가 만약 ~이라면?'을 다른 말로 바꾸면 '역할놀이 사고'다.[1] 이는 '내가 너라면 어땠을까?' 라는 역할 상상으로 나를 타인의 입장에 놓고, 시뮬레이션을 해봄으로써 공감에 이르는 것이다.[2]

이로 인해 발생하는 상상들이 우리를 타인의 입장에 서게 만든다. 이를 통해 타인을 공감하는 두뇌작동 상태가 되는 것을 이 책에서는 '브레인 롤플레잉Brain Role-Playing'이라고 부른다. 이 말은 '공감은 뇌가 펼치는 연극이다.', '공감할 때 내 뇌 속에서 펼쳐지는 연극'이라는 의미를 갖는다.

이런 역할놀이 사고로 타인이 되는 상상을 직업적으로 하는 사람들이 있다. 바로 배우다. 배우 이병헌은 한 신문 인터뷰에서 이런 말을 했다.[3]

> "내가 만약 그 캐릭터라면 어떻게 했을까?
> 나라면 어땠을까?"

이병헌은 스스로 저와 같은 질문을 계속 던짐으로써 자신이 맡은 캐릭터를 어떻게 연기할지 그 해답을 얻는다고 했다. 국민배우에겐 뭔가 대단한 연기 비법이 있을 것 같은데, 너무 시시하다는 생각이 드는가?

배우는 한 번도 겪은 적 없는 살인자나 의사와 같은 역할도 진짜처럼

---

1. 엘리자베스 A. 시걸, 『사회적 공감』(2019), 20쪽.
2. 『사회적 공감』 20쪽.
3. 김지호, "나라면 어땠을까? 이병헌, 국민배우의 철학", 『디스패치』 2022년 8월 3일자, https://www.dispatch.co.kr/2211427 (접속일자: 2025년 2월 14일).

연기한다. 이런 연기를 두뇌 작동으로 보면, 역할놀이 사고를 통해 의식적으로 심리화 시스템을 활성화시켜 타인이 되는 것이다. 또한 그 과정에서 생생한 묘사적 상상으로, 거울 시스템을 활성화시켜 맡은 역할과 혼연일체가 되는 것이다.

배우가 맡는 역할은 가상의 인물이자 일종의 타인이다. 그 인물이 왜 그런 말과 행동을 하는지 공감하지 못하면, 아무리 국민배우라고 불릴지라도 좋은 연기를 펼치기 어렵다. 이런 관점에서 보면, 배우는 두뇌의 공감 시스템을 능숙하게 조절하고 운전하는 핸들러이자, 공감을 연출하는 연출가라고 할 수 있다.

일반인인 당신 역시 난생처음 맡아본 부모나 팀장 같은 역할을 의외로 능숙하게 수행해 스스로 놀랐던 적이 있었을지 모른다. 이 역시 일종의 역할 연기다. 이는 무의식 혹은 의식적으로 당신이 '내가 만약 엄마가 된다 라면?', '내가 만약 ~한 팀장이라면?'이라는 역할놀이 사고를 반복해서 상상했던 결과인지도 모른다. 또는 팀장 역할을 맡은 타인의 언행을 반복적으로 관람한 당신의 뇌가 자동으로 타인의 뇌를 복사해 낸 결과일 수도 있다.

이런 두뇌 작동 덕분에 인간인 우리는 난생처음 맡아 본 역할도, 도저히 이해가 안 가는 이상한 타인들도 얼마든지 공감해 낼 수 있는 공감능력자가 될 수 있다.

'내가 만약 김 팀장이라면?'

'왜냐하면~'

간단한 가정(If) 질문으로 시작되는 연극적 상상이 동물에게는 불가능한, 인간만의 공감능력 발휘의 원천이 된다. 물론 이 시스템이 상황에 맞게 적절하게 활성화되고 조절되었다는 가정(If) 하에 가능한 일이지만 말이다.

'먹는 라면' or '만약 라면'

요즘 당신이 자주 즐기는 '공감 라면'은 무엇인가? 혹시 자주 공감이 결핍되었다고 느끼는가? 아니면, 반대로 과도한 공감으로 마치 공감 과식이나 폭식을 하고 있는 것처럼 느껴지는가?

그 역할이 되어 경험해 봐

"야, 입장 바꿔 생각해 봐! 네가 나라면 어떨 거 같니?"

불통 상황이 되면 이런 말이 자동으로 튀어나온다. 친한 사람에게는 대놓고 말하고, 친하지 않거나 이해관계가 얽혀 있으면 속으로라도 한다. 이는 '만약 라면'의 역할놀이 사고를 해서 두뇌공감 시스템을 활성화시켜 '나를 공감해 달라'는 뜻이자, 역지사지의 태도를 취해 보라는 요청이다.

누군가 나를 공감해 주지 않을 때, 이런 말이 자동으로 나온다는 사실은 우리가 본능적으로 공감의 원리를 알고 있다는 증거다. 역할놀이 사고, 거울 시스템, 심리화 시스템과 같은 용어에 대해 모르고 있을 뿐이지 대부분의 사람들은 특별한 배움 없이도 공감하는 방법을 알고 있는 '공감능력자'들이다.

분명 저 말 속에는 "만약 (나) 라면"이 포함되어 있다. 그럼에도 불구하고 내가 저런 말을 하면 상대는 나를 공감해 주기보다는 오히려 "그럼 내 입장에선 어떨 거 같냐?"고 되받아치기도 한다. 특히 싫어하는 사람이나 싸우는 상황, 갈등 상황에서는 마치 각자의 뇌 속에 저 말을 걸러내는 음성인식 시스템이라도 있는 것처럼 역지사지가 일어나지 않는다. 오히려 상대의 입에서 저런 말이 나오면, 그때부터 뇌 속에서는 청개구리 모드가 발동되어 내 입장과 관점을 더욱 굳건히 고수하며 옴짝달싹하지 않게 된다. 왜냐하면 공감하는 방법을 몰라서 안 되는 문제가 아니라 누가, 어떤 타이밍에, 어떤 마음 상태로, 무엇을 했는가 하는 방식의 문제이기 때문이다. 특히, 그때 내 마음 상태와 컨디션도 중요한 요소다.
그래서 공감은 상대방의 마음 상태, 즉 모드를 바꾸는 게 더 중요하다. 내가 하고 있는 강연극은 바로 교육생들이 나 아닌 타인이 되어보는 경험을 하도록 그들의 역할과 상황을 바꿔주는 '연출'이다.
강연극 연출가인 나는 "공감은 이렇게 하는 것이다." 라는 정답을 제시하는 역할이 아니라 "한번 나 아닌 타인의 역할이 되어 경험해 볼래요?"라고 제안하며, 교육생이 직접 공감을 체험할 수 있도록 돕는 역할이다. 백 번 강의를 통해 설명하는 것보다 간단한 한 번의 역할놀이로서 직접 타인의 입장이 되어보는 경험을 하면 순식간에 공감의 모드가 바뀐다.

"저 사람 진상 고객이야! 조심해!"

누군가를 직접 겪어보기도 전에 이런 말 한마디를 듣게 되면, 우리의 뇌는 주로 어떤 일을 벌일까? 저 한마디 말에 쉽게 그 사람의 배역을 결정하고, 그 역할로 만들어 버리기도 한다. 우리 뇌는 이렇게 짧은 말 한마디만으로 쉽게 편견과 고정관념을 만들어 내는 시스템을 갖추고 있다. 그래서 어떨 땐 저런 말과 정보를 듣기 전으로 돌아가고 싶다는 생각이 들기도 한다.

하지만 아이러니하게도, 그런 생각을 하는 순간 오히려 그 편견이 뇌에 더 깊이 자리를 잡는다. 잊은 척 할 수는 있어도, 완전히 지워버릴 수는 없는 것이다.

그런데 나는 가끔, 그런 사람들을 진짜로 기억상실 상태로 만들어 놓는다. 물론, 실제가 아닌 내가 하는 강연극과 기업교육 속에서 말이다. 그렇다면, 멀쩡한 기억을 가진 교육생들을 어떻게 기억상실 상태로 만들까?

만약 (기억상실증 환자가 될 수 있다) 라면?

월드스타	에이즈 환자	억만장자	이주노동자	가수	동성애자

이렇게 여섯 개의 역할 명찰 스티커가 있다고 하자. 이를 여섯 명의 교육생 등에 하나씩 붙여준다. 이때 교육생들은 자신의 등에 어떤 스티커

가 붙었는지 알지 못해 자신의 역할을 모르고, 나머지 사람들은 서로의 등에 붙은 역할 스티커를 통해 상대의 정체를 알 수 있게 된다. 그렇게 자신의 역할에 대한 기억상실 상태를 만드는 것이다.

이제 교육생들은 자유롭게 교육장을 돌아다니며, 눈이 마주치는 사람과 악수를 나누고 인사를 한다.

"안녕하세요. 와! 진짜 멋지세요!"

"안녕하세요. 헉! 괜찮으세요?"

"너무 부러워요!"

"힘내세요!"

이렇게 간단한 인사말을 주고받으며 다른 사람들과 만난 뒤, 제자리로 돌아와 앉으면 타인의 뇌를 경험하는 역할놀이는 끝이다. 너무 간단하고 시시해서 놀랐는가?

연극을 활용해 타인의 뇌를 경험한다고 해서 반드시 직업 배우들처럼 연기를 할 필요는 없다. 물론 기회가 있다면 그런 경험을 해보는 것도 특별한 공감 체험이 될 것이지만 타인이 되어보는 것은 어린 시절의 소 꿉놀이나 병원놀이 같은 가벼운 역할놀이로도 충분히 가능하다.

놀이라고 해서 하찮게 여겨서는 안 된다. 가상의 상황, 가짜 역할일지라도 그것은 단순한 상상이 아니라 '진짜 경험'이며, 이를 통해 느낀 감정과 관점도 분명히 '진짜'이기 때문이다. 가장 좋은 점은 역할 '놀이'이기 때문에 어설프게 연기를 해도, 실수를 해도 괜찮다는 암묵적 허용이 있다는 것이다. 덕분에 현실에서는 쉽게 시도할 수 없는 다양한 역할의 옷을 입어보며 색다른 공감 경험을 해볼 수 있다.

"자신이 긍정적인 대우를 받은 것 같다고 느낀 분들은 손을 들어 주세요!"
"나를 꺼려하는 것 같다, 부정적인 대우를 받은 것 같다고 느낀 분!"
"긍정적이지도, 부정적이지도 않은 대우를 받았다고 생각하는 분들은
손들어 주세요!"

나는 이런 질문을 통해 교육생들이 타인의 입장이 되었을 때 어떤 느낌이었는지를 다시 한 번 되짚어보게 한다. 단 3~5분 동안 몇 명과 간단히 인사만 나눴을 뿐인데도, 우리는 다른 사람에게 환영을 받았을 때와 거부당했을 때의 기분을 명확히 느낄 수 있다.

'어? 인사는 친절한데, 왜 나를 동정하는 기분이 들지?'
'뭐지? 내가 뭔데 사람들이 이렇게 특별하게 대하지?'
'은근히 나를 피하는 느낌이네.'

반대로, 우리는 스티커에 적힌 단 한 단어만 보고도 그 역할에게 어떤 인사말을 건네야 하는지 망설임이 없다. 과연 그 역할 스티커에 적힌 인물이 그런 대우를 받아야 할 사람일까? 역할 스티커를 다시 보도록 하자.

1.월드스타	2.가수	3.억만장자	4.이주노동자	5.에이즈환자	6.동성애자

'긍정적 대우를 받았다'고 손을 든 사람들은 주로 1, 2, 3번 역할 스티

커를 붙인 사람들이다. 반대로 '부정적인 대우를 받았다'고 손을 든 사람들은 4, 5, 6번 스티커를 붙인 경우가 많다.

그런데 여기서 분명히 짚고 넘어가야 할 점이 있다. 이 역할을 맡은 사람들이 실제로도 그런 대우를 받는 것은 아니라는 것이다. 현실에서는 이 역할놀이처럼 단 하나의 정보만으로 타인을 인식하지 않는다.

그러나 동시에, 현실에서도 이와 비슷한 상황은 충분히 일어날 수 있다. 앞서 밝혔듯, 우리의 뇌는 단편적인 정보를 바탕으로 빠르게 타인을 판단하려 하기 때문이다.

그렇다면, 나는 왜 이러한 역할과 상황을 의도적으로 연출했을까? (이 놀이는 잘못하면 각 역할들에 대한 편견을 갖게 할 수도 있다. 그렇기 때문에 나는 저 역할놀이를 진행할 때 교육생들이 즐겁게 역할을 경험하도록 돕되, 결코 장난처럼 가볍게 연출하지 않는다. 말 한마디 한마디에 신중을 기하며 특히, 피드백 과정에서 의도한 목적이 무엇인지를 명확히 설명하고 이해시킨다.)

타인 역할 주사위 단면

힌트를 주자면, 주사위는 여섯 개의 단면으로 이루어져 있고 저 스티커들 역시 여섯 장으로 구성되어 있다는 것이다. 눈치를 챘는가? 저 역할 스티커의 정보들은 여러 사람의 것이 아니라 한 사람에 관한 정보였고, 나는 이것을 주사위로 비유하고 있다. 한 사람이 가진 여러 특성을 여섯 면을 가진 주사위라고 상상해 보는 것이다.

주사위 각 면에 서로 다른 숫자가 적혀 있는 것처럼 타인 역할 주사위의 각 면에도 다른 정보가 적혀 있다. 역할놀이를 통해, 나는 가위로 그 주사위를 여섯 조각으로 잘라내 각 단면들을 여섯 명에게 나눠 붙여준 것이다.

그렇다면, 저 역할 스티커를 다시 주사위에 붙인 다음 이번에는 아래처럼 펼친 형태로 새롭게 '재 관람'을 해보자!

'이 여섯 스티커의 정보들은 과연 누구의 것일까?'

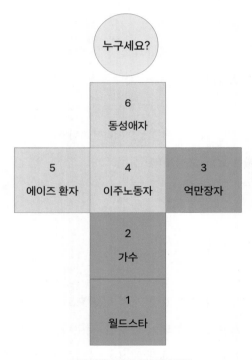

타인 역할 스티커 주사위의 단면

실제 주사위는 이렇게 펼쳐져 있지 않다. 입체적인 형태를 띠고 있는 주사위를 바닥에 던졌을 때, 우리가 볼 수 있는 면은 많아야 세 개 정도

일 것이다. 특히, 바닥에 접지된 단면은 손으로 뒤집어 보지 않는 이상 결코 볼 수 없다.

타인이라는 주사위 단면도 마찬가지다. 내가 볼 수 없는 타인의 이면이 존재하기 때문에 하나의 단면만 보고 그 사람을 완전히 이해하는 건 어렵다. 그렇지만 우리가 만약 연극적, 놀이적 상상력을 가지고 있다면 그런 관점으로 타인을 다르게 관람할 수 있는 방식을 찾아볼 수 있다. 이런 연극적 상상을 통해 타인을 바라보는 관점도 달라질 수 있다. 같은 정보라도 앞에서 기차처럼 나열해 놓은 역할 스티커와 펼쳐 놓은 주사위 형태로 시각화한 것은 확연히 다르게 다가온다. 이런 관람 능력이 있다면, 새로운 공감능력을 가질 수 있다.

저 주사위 정보를 가진 이는 실존했던 인물이다. 누구일까?

바로 20세기에 가장 영향력 있는 음악가 중 한 명으로 꼽히는 영국의 전설적인 록 밴드 '퀸Queen'의 리드 싱어이자 작곡가, '프레디 머큐리Freddie Mercury'다. 혹시 처음에 기차처럼 늘어놓은 역할 스티커를 보자마자 그 인물의 정체를 눈치 챈 독자가 있을까? 아마 그러기는 쉽지 않을 것이다. 그렇다면 저렇게 주사위 단면 이미지로 역할 스티커 정보를 재배치, 재 연출한 뒤에는 어떤가? 저 여섯 개의 정보가 한 사람의 정보라고 했으므로 알아챈 독자도 있을 것이다.

이런 역할놀이 경험은 하나의 인물을 여러 사람이 나눠서 경험할 수 있는 기회를 제공한다. 물론 이건 역할놀이에 그치는 것이므로 프레디 머큐리가 실제로 사람들에게 저런 대우를 받았다는 의미는 아니다. 여기서의 핵심은 동일 인물이라도 어떤 정보를 보느냐에 따라 그 사람을 대하는 우리의 반응과 태도가 달라진다는 것이다.

자기 자신을 포함한 타인에 대한 편견과 고정관념이 공감에 엄청난 영향을 미친다. 그런데 그것을 그냥 말로만 설명했다면, "그래 사람을 차별하면 안 되지!"라면서 편향적인 시선으로 사람을 보지 않겠다는 결심을 할지는 몰라도 실제로 그렇게 변화하긴 힘들다.

"나는 성별, 인종에 따른 차별이나 고정관념이 없는 사람이야!"
"나는 직업에 귀천이 있다고 생각하지 않아!"

입으로는 이렇게 말할 수 있지만 타인이 느낀 당신은 그 반대일 수도 있다. 타인을 관람하기는 쉽지만 자신을 관람하는 것은 쉽지 않기 때문이다. 자기 관람은 자신의 말과 행동, 표정 그리고 태도가 어땠는지 의식적으로 곱씹어봐야만 생기는 능력이다.

하지만 이 활동의 목적은 타인에 대한 편견과 고정관념을 깨뜨리라는 메시지만을 주기 위한 것은 아니었다.

공감교육에서 흔히 강조하는 내용은 '타인에 대한 편견과 고정관념을 갖지 않지 말아야 한다.' 라는 것이다. 물론 나도 이것을 중요하게 생각한다. 그러나 뇌에 대해 이해를 하고 난 후에는 그것이 우리 인간에게 거의 불가능한 미션임을 깨달았다.

순전히 뇌의 입장에서 편견과 고정관념 없이 타인을 바라보는 것은 엄청난 에너지를 써야 하는 감정노동이다. 그러니 나는 자주 나의 고정된 관점과 편견을 점검해 보는 노력을 하되, 숨은 그림 찾기를 하듯 타인의 감춰진 이면을 찾아보는 호기심을 갖는 것을 더 우선으로 한다. 그때 바로 저 타인 역할 주사위 단면 모양을 떠올려 보면 좋을 것이다. 그리고 그때 이렇게 속으로 혼잣말을 해본다면, 편견과 고정관념이 호기심의 눈빛으로 돌변하게 될 수도 있다.

> "맞아! 저 사람은 내 1, 2, 3면을 본 적이 없잖아!
> 그러니 얼마든지 저렇게 쉽게 말할 수 있지!"

> "내가 보고 있는 건 고작 그의 6면뿐일지도 몰라!
> 저 사람의 1, 2, 3면에는 무엇이 있을까?"

기억하자!

인간인 우리는 이미 풍부한 연극적 상상 능력을 지니고 있다. 그 능력을 잘 발휘하기만 한다면 얼마든지 나를, 타인을, 그리고 처해 있는 상황을 다르게 관람해 볼 수 있다.

그것이 곧 타인의 뇌를 경험하는 일이다.

공감은 타인을 완벽하게 이해하는 일이 아니다. 공감 표현과 맞장구치는 것만을 가리키는 것도 아니다. 타인의 뇌를 이해하는 일이다. 그리고 그 타인에는 나 자신도 포함된다. 남을 이해하기 위해 나 아닌 타인이 되어보는 상상을 하는 순간, 내 뇌는 이미 타인의 뇌가 되었기 때문이다.

심신의 에너지 절약을 위해 편견과 고정관념을 통해서 상대가 적인지

아군이지 빠르게 판별해 내고자 하는 우리 뇌가 펼치는 연극임을 이해해야 한다. 내 뇌가 펼치는 것이니 마음에 들지 않는 연극 대본은 나 자신이 각색해 다르게 연출할 수 있어야 한다. 책이든 강의든 사람이든 그런 '관점 바꾸기 연출가' 역할을 해 줄 무언가를 스스로 찾아야 한다.

공감은 연극적 능력이니까

한때 현대자동차 산하의 로봇공학 기업인 보스턴 다이내믹스Boston Dynamics에서 제품 성능을 테스트하는 유튜브 영상이 화제가 된 적이 있었다. 그 영상에서 직원들은 강아지처럼 네 발로 걸어 다니는 로봇을 발로 차 넘어뜨리고, 사람처럼 두 손으로 상자를 옮기는 로봇에겐 긴 막대로 상자를 툭툭 쳐서 옮기지 못하도록 방해를 한다.

나는 이 영상을 공감과 관련된 강의에서 보여주면서 교육생들에게 영상에 등장하는 로봇과 직원 중 누구에게 더 안타까운 마음이 드는지, 즉 더 신경이 쓰이는지를 묻고 선택하도록 했다. 약 70~80%의 교육생들이 로봇을 선택했다.

물론 이는 특정 영상에 해당된다. 과거에 비해 로봇이 더 익숙한 존재가 되었기 때문에 지금 그 영상을 다시 보여준다면 다른 결과가 나올 수도 있을 것이다.

그런데 왜 사람보다 로봇을 선택했을까?

'만약 (그때, 로봇을 선택한 교육생들의 뇌를 관람할 수 있다) 라면?'

그들의 뇌 속에서는 이런 연극이 펼쳐지고 있었을지도 모른다.

'로봇은 열심히 일하면서도 구박을 당하는 성실한 일꾼 역할, 로봇회사 직원들은 그들을 괴롭히는 악덕 관리자, 즉 악역.'

실제 상황은 어떤가? 로봇은 생명체가 아니기에 고통을 느끼지 않는다. 직원이 로봇을 걷어차는 것처럼 보이는 행동도 사실은 로봇 제품의 성능 테스트에 불과할 뿐, 폭력 행위가 아니다. 그럼에도 불구하고 많은 교육생들이 이를 폭력 행위로 받아들였다. 왜 이런 착각이 일어났을까?

최근 신경과학계에서는 "뇌는 예측기계다." 라는 주장이 많은 지지를 받고 있는데, 이 주장에 대입을 해보면 왜 저와 같은 반응을 보이는지 쉽게 이해할 수 있다. 우리 뇌는 상황을 있는 그대로 보는 것이 아니라 과거의 유사한 자기 경험과 기대치를 대본으로 삼아 시뮬레이션을 펼친 후, 그것을 현실로 믿는다.[4]

시뮬레이션은 실제와 유사한 모형을 만들어 모의실험을 하는 과정이다. 이런 관점에서 보면, 우리가 무언가를 '본다.' 라는 것은, 뇌가 '저것은 이런 것이야!' 라고 믿는 것을 본 것이라고 믿는 일종의 착각일 수도

---

4. 데이비드 롭슨 『기대의 발견』 (2019), 22-23쪽, 재인용 : '예측기계'라는 용어는 앤디 클라크의 다음 책에서 처음 소개되었다. Surfing Uncertainty: Prediction, Action, and the Embodied Mind (2016). Oxford University Press. 혹자는 이를 '예측 엔진'이라고 표현하기도 하지만, 의미를 명료하고 일관되게 전달하기 위해 이 책에서는 계속 클라크의 용어를 사용했다.

있다. 내가 '제대로 봤다'고 믿는 것은 얼마든지 예측 오류로 왜곡된 것일 수 있다는 것이다.

물론 이런 뇌의 시뮬레이션은 대체로 실제와 거의 비슷하다. 그렇지 않다면, 세상의 모든 것들이 마치 음모처럼 느껴질 것이다.

'실제를 보는 것이 아니라
내가 믿고 추측한 대로 예측한 것을 본다.'

공감 역시 그렇다. 특정 사건을 계기로 내 뇌는 나도 모르는 사이 함께 일하는 팀장을 '나를 괴롭히는 악덕 상사'로 인식할 수 있다. 그리고 그 후에는 그의 모든 행동 하나하나가 나를 괴롭히기 위한 의도적 행위로 해석될 수 있다. 마치 TV 드라마에 등장하는 악역들의 임무가 오직 착한 주인공을 괴롭히는 일인 것처럼 어느새 나도 괴롭힘을 당하는 드라마 주인공 역할로만 인식될 수 있다. 내 뇌 속에서 펼쳐지는 연극이 사실처럼 느껴지는 것이다.

따라서 우리가 타인을 공감하기 위해서 하는 뇌의 시뮬레이션은, 결국 우리 머릿속 타인과 내가 펼치는 '역할놀이, 역할극'인 것이다.

경험대본

다시 앞에서 보았던 로봇 이야기로 돌아가 보자.

'로봇 : 성실한 일꾼

VS

직원 : 일꾼을 괴롭히는 악덕 관리자'

이것은 실제가 아니다. 로봇을 선택한 교육생들의 뇌 안에서 저런 연극이 펼쳐졌을지도 모른다는, 강사인 나의 추측이다.

내 뇌는 왜 저런 추측을 했을까? 바로 로봇의 형상이 네 발로 걷는 강아지나 두 발과 두 손을 사용하는 사람의 모습과 흡사했기 때문이다.

예측기계인 뇌가 시뮬레이션, 즉 역할극을 펼치려면 역할과 대본이 필요하다. 그 대본 역할을 하는 것이 바로 경험과 기대치이다. 만약 로봇의 형상이 컴퓨터나 세탁기처럼 우리가 흔히 알고 있는 기계의 모습을 하고 있었다면 교육생들의 반응과 선택은 달라졌을 것이다. 대부분 컴퓨터나 세탁기를 다룬 경험이 있기 때문에 세탁기 형상의 로봇에게 감정을 부여하지 않을 것이다.

그러나 영상에 등장하는 로봇은 강아지의 모습과 행동을 보였기에 교육생들은 세탁기 대본이 아닌 강아지 대본을 그 로봇에 대입하는 예측 오류를 일으킨 것이다.

'경험대본은 내 경험과 기대치를 바탕으로
뇌가 만든 가상의 역할과 이야기다.'

경험대본의 관점으로 타인을 이해하면, 좀 더 쉽게 타인의 말과 행동을 공감할 수 있다.

"로봇은 기계니까, 고통을 느끼지 않죠."

그럼에도 불구하고, 위와 같은 관점을 가진 소수의 교육생들이 있었다. 그들은 영상 속 상황을 있는 그대로 본 것이다. 직원들이 로봇을 괴롭히는 것이 아니라 제품을 테스트하고 있음을 정확히 인지하고 있었다.

사실로만 보자면 이런 반응이 더 정상적일 것이다. 그럼에도 불구하고, 강아지처럼 보이는 로봇을 그저 기계로만 보는 그 교육생들은 약간 인간미가 없어 보인다.

그렇다면, 이들은 왜 이런 관점을 가지게 되었을까?

물론 원래 그런 시각과 성향을 가졌거나 혹은 감정이입 능력이 떨어지는 사람일 수도 있다. 그런데 "그들의 경험대본은 무엇이었을까?" 라는 질문에 주목하면 그들이 왜 그런 관점을 갖게 되었는지 쉽게 공감할 수 있다. 모두가 그런 것은 아니지만 이런 관점을 가진 교육생들 중 다수는 과거 또는 현재에 기계나 IT 관련 업무를 다뤄본 사람들이었다. 그들은 로봇이 생명체가 아닌 기계라는 경험을 대본으로 삼고 있었다. 그래서 그들의 뇌는 다수의 교육생들과는 다른 연극을 펼쳤던 것이다.

브레인 롤플레잉

'브레인 롤플레잉은 공감할 때 뇌가 펼치는 연극!'

브레인 롤플레잉Brain Role-Playing은 '만약 라면'의 역할놀이 사고를 통해 두뇌공감 시스템이 활성화된 상태를 의미한다. 예측기계인 뇌가 타인을 이해하고 공감하기 위해 경험대본을 기반으로 역할놀이 사고를 하는 상 상 과정이다. 앞서 밝혔듯 이 용어는 연극적 방식으로 작동하는 두뇌공 감 시스템을 설명하기 위해 내가 만든 개념이다.

공감을 뇌가 펼치는 연극으로 보면, 공감은 경험보다는 상상에 더 가 까운 행위로 이해할 수 있다. 이 해석이 다소 거부감을 일으킬 수 있는 데, 왜냐하면 우리는 '진정한 공감'을 실제 경험이나 표현을 통해 이루 어진다고 믿는 경향이 있기 때문이다.

그러나 공감을 브레인 롤플레잉의 결과로 보는 관점은 공감을 단순한 감정 이입이나 타인과의 소통을 넘어, 타인의 입장을 상상하고 해석하 고자 노력하는 과정 자체로 이해하려는 시도이다.

실제로 아무리 타인이 좋은 행동을 해도, 내 뇌에서 그 행동을 왜곡하 거나 망상이 일어나면 공감은 일어나지 않는다. 적절한 소통으로 이어 지지 않는다. 브레인 롤플레잉은 타인과의 소통을 위해 내 뇌 속에서 어 떤 연극이 펼쳐지는지를 먼저 의식하는 것을 우선시 한다. 또한 그 연극 을 의식적으로 다르게 연출하여 그 결과로 다른 행동 표현을 유도하는 데 중점을 둔다. 이는 상상 능력을 의식적으로 활용해 공감능력을 키우 는 방법이라 할 수 있다.

'만약 라면'이라는 질문 하나만 바꿔도, 우리 뇌 속에서 전혀 다른 연 극이 펼쳐질 수 있다. 이처럼 연극적 상상력을 활용해 다른 공감능력을 발휘하는 것이 바로 브레인 롤플레잉이다.

상상과 연극은 실제와 달리 쉽게 변형할 수 있다는 장점이 있다. 우리는 이 점을 적극 활용해야 하며, 자동으로 펼쳐지는 브레인 롤플레잉을 의식적으로도 변화시킬 수 있어야 한다.

마지막으로 다시 로봇 이야기를 해보도록 하자.

"만약 (저 직원이 내 남편이고, 3일째 퇴근도 못하고 저 업무 중이었다) 라면?"

강사인 나는 저 '만약 라면'의 질문을 던짐으로써, 로봇을 선택한 다수 교육생들의 브레인 롤플레잉을 의식적으로 전환시켜 보았다. 실제로도 그 영상 속 직원은 로봇 신제품 출시를 앞두고, 며칠째 야근을 하고 있었을 수도 있지 않은가?

단순히 이 질문을 던지고 저 영상을 다시 보기만 했을 뿐인데, 교육생들은 직원과 로봇에 대해 조금 다르게 인식하게 되었다. 그들의 뇌 속에서 로봇과 직원의 역할이 새롭게 부여된 것이다.

이렇게 간단한 질문 하나가 의식적 브레인 롤플레잉을 새롭게 연출하는 힘을 가진다.

우리는 모두 각자의 경험과 기대치를 바탕으로 상황을 해석한다. 같은 장면을 보고도 사람마다 다른 반응을 보이는 이유는, 각자가 다른 경험대본을 갖고 있기 때문이다. 경험대본이 타인을 이해하는 데 중요한 열쇠라면, 언어 특히, '만약 라면'의 역할놀이 사고의 질문은 새로운 경험대본을 창조하는 각색 도구가 될 수 있다.

'나는 어떤 경험대본을 가지고 있지?'

'만약 (저 사람이 세탁기 경험대본을 가지고 있다) 라면?'

'저 상황을 어떻게 해석했을까?'

의식적으로 브레인 롤플레잉을 펼쳐보자

다음 장부터는 중간 중간 가상의 직장인 캐릭터들 머릿속에서 펼쳐지는 연극 대본을 첨가해 이야기를 진행하고자 한다. 그 이야기들의 명칭역시 '브레인 롤플레잉'이다. 앞서 '공감할 때 뇌가 펼치는 연극'이라는개념으로 소개했던 용어를 중복해서 사용한 것이다.

이 가상 캐릭터들의 뇌가 펼치는 연극 이야기를 읽는 것은 마치 타인의 뇌를 관람하는 상상 경험과 같다. 실제로는 볼 수 없는 타인의 뇌 안에서 펼쳐지는 연극을 관람해 본다는 상상 자체가 역할놀이 사고를 통한 의식적 브레인 롤플레잉이기 때문에 동일한 명칭을 부여했다.

강의와 연극이 조합된 현실 속 공감교육이 '강연극'이라면, 브레인 롤플레잉은 글과 연극이 조합된 독서를 통한 일종의 '글 연극'이라고 할수 있다. 그래서 배우들이 펼치는 상황 연극을 보면서 공감 통찰을 경험하는 강연극의 교육효과를 책에서도 맛볼 수 있기를 바라며 배우들의연극을 대신할 장치로 가상의 캐릭터들이 펼치는 브레인 롤플레잉 이야기를 첨가했다. 단, 글로 펼치는 연극은 직접 상황을 보고 경험할 수 없기에 더 많은 상상 능력이 필요하다.

읽는 행위 → 관람 행위

직장인 캐릭터들의 브레인 롤플레잉 이야기를 통해 꼭 이 관람 경험을 해보기 바란다. 이런 암묵적 약속을 기억하며, 브레인 롤플레잉 이야기를 읽을 때만큼은 단순한 독서가 아니라 의식적으로 '관람'과 '체험'의 행위로 인식을 해보도록 하자.

가상 캐릭터들이 펼치는 브레인 롤플레잉 이야기는 'S#번호'로 표기되어 기존 내용과 구분하고 있다.

'아! 이게 그 브레인 롤플레잉이구나!'
'지금 나는 타인의 뇌를 경험하고 있구나!'

속으로 이렇게 혼잣말을 하며, 퇴근 후 거실 소파에서 드라마를 보듯 가볍고, 재미있게 타인의 브레인 롤플레잉을 관람해 주길 바란다. 이 경험이 당신의 연극적 상상 능력을 깨워, 다른 관점에서 타인과 상황을 바라보는 통찰을 얻는 기회가 되길 바란다.

우리가 만날 직장인 캐릭터들은 다음과 같다.

직장인 브레인 롤플레잉 캐릭터 소개

(주)엠투시스템 기획팀 Mirror & Mentalizing System 삼정역 4번 출구 600M

뭐?
내가 입만 나내는
라떼라고?

뭐? 그게
내 업무라고?

'입만 나대는 라떼'
나 팀장
(40대)

'말귀 못 알아먹는'
안 대리
(20대 후반)

더 이상 같이
점심 먹기 싫어요

재밌네

'일 잘하는'
장 대리
(30대 초반)

'구경꾼'
미화직원
(50대 초반)

* 기타 캐릭터

- 전문가 김 과장(30대 후반)
- 기차 화통 허본부장(50대 초반)
- 좀비 이 과장(30대 후반)

"만약 내가 나 팀장이라면?"
"그래서 뭐? 어떻게? 내가 해?"
"다음 직장을 위해 간헐적 절전 근무 중."

관람력 : 브레인 롤플레잉을 관람하라

과연 이 업무는 누가 해야 할까?

팀장이 대리에게 업무 지시를 했는데, 대리가 거절했다. 팀장의 말투는 부드러웠지만, 대리의 귀에는 '당연히 네가 해야지, 그럼 팀장인 내가 하냐?'라는 협박과 명령으로 자동 번역돼 들렸기 때문이다.

"저도 능력만 되면 하죠. 근데 이건 아무리 봐도 뭔 말인지 전혀 모르겠어요! 맹세코 저는 이 업무를 인계 받은 적이 없습니다. 퇴근하겠습니다!"

대리는 팀장 책상에 업무 판을 놓고 줄행랑치듯 퇴근해버렸다. 팀장은 대리의 돌발 행위에 잠시 당황하는가 싶더니, 이내 침착함을 되찾았다. 그리고는 업무 판을 도로 대리 책상 위에 올려놓고, 그 역시 사무실을 나가버렸다.

"과연 이 업무는 누가 해야 할까요? 여러분들의 투표로 결정하겠습니다."

이제 결정은 관객의 몫이다. 이것은 실제가 아닌, 내가 기업에서 진행한 강연극 속 배우들의 펼치는 연극의 한 장면이다. 강사인 내가 던진 저 질문 하나로, 관객 모드였던 직장인 교육생들은 순식간에 판정단 역할로 바꾸기가 된다. 눈앞에 펼쳐지는 연극의 상황에 영향을 미치는 역할을 하게 되는 것이다.

구경꾼과 판정단은 모두 제3자 입장에 있는 관객 역할이다. 하지만 그 성격에는 약간의 차이가 있다. 판정단은 관객이면서 동시에 연출가의 역할도 수행한다. 그들의 투표, 즉 결정에 따라 향후 배우들이 연기하는 상황극 결말이 달라지기 때문이다.

물론 교육생들은 이런 자기 역할 변화를 잘 의식하지 못한다. 그럼에도 불구하고, 무의식적으로 자신의 선택이 타인, 즉 배우가 맡은 팀장과 대리 역할의 향후 행보에 영향을 미칠 수 있음을 안다.

작은 '역할 바꾸기'만으로도

'구경꾼에서 판정단으로…'

이런 작은 역할 바꾸기만으로도 문제 상황을 바라보는 우리의 관점은 쉽게 바뀐다. 연극을 활용한 공감교육의 장점 중 하나다. 이렇게 단 한마디 말로도 쉽게 역할을 바꿀 수 있다. 교육생들은 이제 단순한 구경꾼이 아니라 판정단의 역할로서 '팀장과 대리가 왜 저런 행동을 했는지'에 대한 배경에 대해 궁금증을 가지게 되며, 좀 더 적극성을 가지고 이어지는 활동을 하게 된다.

　이어지는 판정단들의 활동은 팀장과 대리 역할을 하는 배우에게 좀 더 자유롭게 궁금한 점을 묻고 답하는 '즉문즉답'이다. 교육생들은 이를 통해 자율적으로 두 역할의 표면적인 갈등 뒤에 숨겨진 맥락을 찾아볼 수 있다. 타인을 이해하기 위한 공감의 여정이 시작되는 것이다. 극 중 두 인물에 대한 호기심을 가지게 되고, 자발적으로 다양한 질문을 던져 숨은 맥락을 찾아보려 한다.

　연극을 활용한 공감교육의 장점은 이렇게 타인의 내면과 이면을 마치 동전의 앞뒤를 돌려보듯 손쉽게 즉시 확인해 볼 수 있다는 것이다. 이를 통해 같은 상황과 같은 인물임에도 전과는 다른 해석이 가능해 진다. 공감의 폭이 넓어지는 것이다.

　역할이 바뀌면 관점이 바뀌고, 관점이 바뀌면 감정이 바뀌는 것도 쉬워진다. 그래서 공감소통을 잘하기 위해 가장 먼저 해야 할 일은 역할 바꾸기다. 내가 지금 처해 있는 상황에서, 맡고 있는 배우 역할로부터 관객 역할로 벗어나게 되는 것만으로도 자신이 지금 가지고 있는 문제를 다른 관점으로 볼 수 있다. 즉 제3자, 관객의 시선으로 다른 해석을 할 수 있게 된다.

　이번 장에서 우리는 이러한 '관객 역할이 되어보는 경험'을 해볼 것이다.

만약 타인의 뇌를 여러 관점으로 볼 수 있다면?

드디어 가상의 직장 캐릭터들의 뇌가 펼치는 연극, 브레인 롤플레잉을 관람할 시간이 왔다. 이 활동의 가장 큰 목적은 우리의 관점을 유연하게 만들어 공감의 폭을 넓히는 데 있다. 다음과 같은 연극적 상상을 곁들여 이 역할놀이를 즐겨보자.

당신은 지금 〈타인의 뇌〉라는 간판이 붙어 있는 극장 입구에 서 있다. 그곳은 타인의 뇌가 펼치는 연극을 관람할 수 있는 브레인 롤플레잉 전용 '라면(If) 극장'이다.

당신이 보는 오른쪽에는 1관, 왼쪽에는 2관이 보인다. (여기서의 관은 관점을 지칭하는 觀(볼 관)과 연극을 공연하는 장소를 지칭하는 館(집 관), 둘 다를 뜻한다. 그러나 보통 연극 공연장의 형태가 단관인 경우가 많아서, 연극 공연장을 상상하기보다 여러 개의 상영관으로 되어 있는 영화관 이미지를 떠올리면 좋겠다.) 이 두 개의 관 사이에는 긴 복도가 있고, 길게 이어진 복도 끝에는 또 다른 공연 관들도 있다.

먼저 1관으로 들어가 보자. 그 문 앞에는 〈나 팀장 브레인 롤플레잉 공연 예정〉이라고 쓰여 있다. 지금 당신은 이 연극의 배우가 아닌 관객이므로 편안한 마음으로 입장해 앞으로 펼쳐질 연극을 관람하기만 하면 된다.

이제 타인의 뇌가 펼치는 연극, 나 팀장의 브레인 롤플레잉을 관람해 보자.

S#01. <1관> 나 팀장의 브레인 롤플레잉 : 나대지마! 심장아!

오후 12시 50분, 아직 점심시간이지만 제작팀 고 팀장, 차 과장은 벌써 업무 중이다. 본부장이 긴급 소집한 내일의 회의준비를 하고 있는 중인 듯하다. 그 모습을 보니 괜히 마음이 다급해진다. 그러나 난 서두를 수도 없다. 내가 맡은 회의자료 준비는 사흘 동안 야근을 하면서 벌써 완료했지만 안 대리 자료가 넘어오지 않아 최종 취합을 못하고 무한 대기 상태라서 그렇다. 안 대리는 늘 마감시간이 임박해서야 겨우 자료를 넘긴다. 요즘 같은 팀 위기 상황에서도 야근이란 없다. 목에 칼이 들어와도 칼 퇴근이다.

과거 나는 지금의 본부장 밑에서 너무나도 고된 실무자 생활을 했기에, 최대한 팀원 각자의 업무 스타일을 존중해 주는 다정한 리더가 되고자 애써왔다. 그러나 종종 참기 힘들 때가 있다. 조금만 팀을 생각해 줬으면 좋겠지만 안 대리는 너무도 이기적이다.

지금 우리 팀은 위기다. 석 달 전, 좀비 이 과장이 이직을 한데다 일 잘하는 장 대리마저 병가로 두 자리가 빈 상황이다. 겨우 충원된 인턴마저 일주일 출근을 하더니 무단결근을 하며 퇴사를 해버린 상황에서도 전문가 김 과장은 교육을 받으러 가느라 또 자리를 비웠다. 뭔 교육을 2주나 듣느냐면서 "안 된다"고 했지만 전문용어를 써가며 뭐라 뭐라 설득하는데, 그 말발을 나는 이길 재간이 없다. 전문분야 특채라서 무늬만 팀원일 뿐 본부장과 다를 바 없는 상전일 때가 많다. 그래도 있으면 일은 똑 부러지게 하는데….

그러다보니 현재 우리 팀에 유일한 실무자는 나와 안 대리뿐이다. 팀장이 되면 마냥 앉아서 결제만 하면 될 줄 알았는데, 여전히 나는 실무를 떠안고 있다. 거기에 문제가 발생하면 책임을 저야 하고, 덤으로 팀원들의 눈치를 보고 비위까지 맞춰 줘야 한다. 차라리 팀원이었을 때가 좋았다. 나는 자주 꽉 막힌 통 속에 갇혀 홀로 고군분투하고 있는 듯한 느낌이다. 서럽다.

점심시간 종료, 10분이 넘었는데도 안 대리는 들어오지 않는다. 퇴근시간은 칼이지만 점심시간은 예외인가 보다. 카톡을 보낼까, 하다 꾹 참는다. 오늘따라 안 대리 책상 모니터에 덕지덕지 붙어 있는 포스트잇과 너부러진 자료들이 유독 거슬린다. 신경 끄자!

"입만 나대는 라떼는 여전하지?"
안 대리 모니터에 메신저 메시지가 떴다. 일부러 보려고 한 건 아니다. 어쩌다 그 근처에 있다 보니 저절로 보게 되었다. '입만 나대는 라떼?' 이거 혹시 나를 지칭하는 건가? 나는 결코 입만 나대지 않는다. 하지만 정황상 팀장인 내 뒷담화인 듯하다. 보낸 이는 누굴까?
'혹시 퇴사한 좀비 이 과장이랑 내 뒷담화를?'
이때, 안 대리가 들어온다. 한 손엔 스타벅스 커피를 들고 참 여유로운 부장님 발걸음이다. 그 덕분에 나 역시 후다닥거리는 대신 여유 있게 내 자리로 돌아와 폭풍 타자를 치며 아무 일도 없는 듯 행동을 취할 수 있었지만.

"회의자료 좀 빨리 보내주라."

"잠시만요, 팀장님."

"설마 아직까지 안 된 건 아니지? 이거 진짜 우리 팀에 중요한 보고야!"

왜 슬픈 예감은 틀리지 않는 걸까? 어제 분명, 오늘 오전까지 보낸다고 하고는 어김없이 칼 퇴근을 했었다. 그리고는 아직까지 완료를 못한 거다. 그럼 미안한 태도로 서두르는 시늉이라도 좀 했으면 좋겠는데, 어떻게 저렇게 남의 집 불구경하듯 천하태평일까?

나는 무슨 수를 써서라도 미리 미리 업무를 완수한다. 하지만 늘 굼벵이모드인 안 대리와 시도 때도 없이 추가 업무를 투척하는 본부장 때문에늘 업무 중이다.

"야! 나대로! 뭐해? 안 들어오고?"

"ㄴ…ㄴ… 네! 본부장님! 갑니다!"

쩌렁쩌렁한 본부장 목소리에 내 몸은 자동 반응이다. 순식간에 총알로변신해 본부장실로 날아간다. 잠시 후, 나는 사색이 되었다.

"안 대리! 자료 당장 줘야 해. 본부장님 일정 변경으로 내일 회의가 오늘로 당겨졌어."

"방금 보냈죠."

빛의 속도로 메일을 열었다. 150페이지도 아니고 고작 15페이지 분량을만드는 데 그렇게 오래 끌고 있다니, 기가 찬다. 이 정도 분량은 훑는데, 1분도 채 걸리지 않는다. 아니, 그런데 제일 중요한 욜로 프로젝트가 빠져 있네. 내 이럴 줄 알았다. 좀 더 강하게 푸시하고 재촉했어야 했나? 팀원 배려하는 '다정한 팀장 코스프레'를 하다가 결국 이 사달이 났다.

"팀장님, 가보겠습니다."

"뭐라고? 어딜 가는데?"

"네? 저 오늘 오후 반차잖아요. 2주 전에 결제 맡았었는데, 기억 안 나세요."

"뭐라고? 반차?"

아뿔싸, 그땐 김 과장이 교육 받으러 가기 전이라 내가 허락을 했었나 보다. 근데 지금은 일할 사람이 없지 않은가? 내가 안 대리라면 무조건 반차를 취소한다. 하지만 안 대리는 어림도 없다.

"근데, 왜 욜로 프로젝트가 없지?"

"옐로는 거기 3페이지에 있는데요. 제일 중요하다고 하셔서 앞쪽에 넣었죠."

"아니, 옐로 말고 욜! 로!"

"네? 욜로요? 그게 뭔가요? 저는 처음 들어보는데요?"

"뭐?"

등줄기에서 식은땀이 흐르고, 심장이 사정없이 쿵쾅거린다. 아침부터 본부장은 계속 그 프로젝트만 물었다. 반드시 넣어야 한다. 지금부터 소통하는 팀장 모드는 일시 정지다.

"안 대리, 지금 진짜 비상이야! 빨리 장 대리 인수인계 파일 뒤져봐! 얼른!"

"네? 근데 팀장님, 저 진짜 지금 가야 되요. 집이…."

"미안하지만, 3시간 아니 2시간만 집중해서 하자! 응? 지금은 비상상황이잖아."

이럴 땐, 온화한 내 눈에서도 레이저가 발사된다. 말대답이 특기인 안 대리도 군소리 없이, 자료를 찾는다. 이게 통한다. 나는 강압적인 지시형 리더가 되긴 싫은데, 참 씁쓸하다.

"여기 있네요. 아마, 그때 팀장님이…."

"그거 그냥 PPT 형식으로만 바꿔줄래? 나는 안 대리가 보낸 자료를 다듬어야 하니까."

"… 저, 팀장님, 진짜 가봐야 해요. 참고로 전 이 업무 결코 받은 적이 없습니다."

"뭐라고?"

지금 상황에서 저게 할 말인가? 안 대리가 저런 태도로 나오면 나도 좋게만 나갈 순 없다.

"돌발 상황이잖아! 막말로 장 대리 업무를 안 대리가 받았으니, 안 대리 업무가 맞지!"

"네? 제 업무요?"

"지금 이런 실랑이 할 시간 없어. 딱 2시간만 집중해서 해보자! 응?"

"저도 능력만 되면 하죠. 근데 이건 아무리 봐도 뭔 말인지 전혀 모르겠어요! 맹세코 저는 이 업무를 인계 받은 적이 없습니다. 오후 반차 벌써 1시간이나 지났고요. 지금 바로 가봐야 할 것 같습니다. 죄송합니다. 내일 뵙겠습니다."

그렇게 안 대리는 내 책상에 그 업무 판을 올려놓고, 진짜 퇴근을 해버렸다. 순간 나도 확 때려치우고, 뛰쳐나가고 싶었다. 왜 항상 우리 업무는 없고, 내 업무만 있는 걸까? 왜 늘 나만 바쁘고, 나 혼자만 고군분투를 해야 하는가? 지금은 이런 넋두리조차 사치다.

"본부장님께서 일정이 다시 변경되어 오늘 회의는 모레 오후 3시에 한답니다!"

그때, 본부장 비서가 나와 구세주 멘트를 던진다. 미친 듯이 나대던 내 심장도 그 한마디에 언제 그랬냐는 듯 얌전해진다. 그러다가 안 대리를 생각을 하니, 또다시 심장이 쿵쾅댄다. 괘씸해서 업무 판을 도로 안 대리 책상에 가져다 놨다. 옥상에 올라가 잠시 바람을 맞으며, 한숨 돌려야 한다. '나대지마! 심장아'

지금까지 나 팀장의 브레인 롤플레잉을 보았다.

먼저, 다음 질문을 통해 이 연극을 관람한 당신의 마음부터 체크해 보자.

만약 (나 팀장과 안 대리 중, 한쪽 편을 무조건 들어줘야 한다) 라면,

당신의 선택은?

이 역할놀이 사고를 통해, 당신도 내가 진행하는 강연극의 직장인 교육생들처럼 구경꾼에서 판정단으로 역할을 전환해 보는 것이다. 일종의 역할놀이다. 그러니 너무 고민하지 말고, 지금 이 순간 마음 가는 대로 아래 표에 체크해 보기를 바란다.

'나 팀장이냐, 안 대리냐.'

먼저, 두 사람 중에서 어느 쪽에 더 안타까운 마음이 드는지, 누구의

편을 들고 싶은지를 선택해 보자. 그리고 그 역할의 입장에 어느 정도 공감이 가는지 퍼센트로 선택해 보자. 예를 들어 나 팀장 편을 들고 싶은데, 그의 입장이 100% 이해가 된다면 나 팀장 100%에 체크하면 된다. 나 팀장을 선택하긴 했지만 완전히 마음이 가는 건 아니라면 그 정도에 따라 50%, 25%에 체크하면 된다. 둘 다 공감이 된다거나 둘 다 공감이 되지는 않는다, 혹은 별로 선택하고 싶지 않다면, 중립을 선택하면 된다.

구경꾼에서 판정단이 된 당신의 선택은?

역할(입장)	나 팀장				중립	안 대리			
공감 정도	100%	75%	50%	25%	둘 다	25%	50%	75%	100%
내 선택(V)									

선택 가시화 체크 표

이 선택에 관한 이야기는 바로 다음 단락에서 나누도록 할 것이다.

잠시 이 선택에 대해서는 잊고, 브레인 롤플레잉의 관객이 되어본 당신의 '관점'에 대한 이야기부터 나눠보도록 하자.

상황을 주인공 시점으로 보는 '1관점'

여기서의 1관점은 흔히 알고 있는 소설의 '1인칭, 주인공 시점'과 비슷하지만 완전히 동일한 개념은 아니다. 편의를 위해 내가 만든 용어로서 이 책에서 말하는 '1관점'은 '나의 관점'을 의미한다.

1관점은 어떤 상황을 경험할 때 내가 처음으로 갖게 되는 관점으로, '최초 관점'을 말한다. 그런데 일상에서는 1관점이 자기 자신의 관점이지만 소설, 영화, 연극 등의 관객이 되면, 우리의 1관점은 자동으로 '주인공 시점'이 된다. 엄밀히 따지면, 그 시점 역시 주인공 관점이라기보다는 내 관점이 반영된 주인공 관점이다. 그래서 같은 연극을 봐도 대부분 비슷한 해석을 하지만 간혹 다르게 상황을 해석하는 사람도 있다. 그것은 그의 1관점이 반영되었기 때문이다.

그래도 소설, 영화, 연극의 관객이 되면 우리의 1관점은 바뀐다. 그것을 보는 것 자체로 역할 바꾸기, 관점 바꾸기가 일어나 '주인공 시점의 1관점'을 갖게 된다. 물론 그렇지 않은 경우도 있지만 보통의 이야기들은 주인공 중심으로 펼쳐지기 때문이다.

그래서 나 팀장의 브레인 롤플레잉을 관람한 당신은 그의 관점으로 저와 같이 상황을 인식하게 되었다. 방금 보았던 브레인 롤플레잉의 1관점은 나 팀장 시점이다. 이를 관람한 당신 역시 그의 관점으로 상황을 봤다. 그래서 안 대리 입장보다는 나 팀장의 심정과 입장을 더 이해할 수 있다. 물론 그 와중에도 속으로는 "안 대리가 왜 그랬을까?" 라는 질문을 던지면서 안 대리의 입장에서 생각해 보는 역할 바꾸기 상상을 해본 사람도 있었을 것이다. 그런 관점의 전환이 쉽게 이루어진다면 당신은 이미 공감의 시야와 폭이 넓은 사람이다.

그러나 일상에서 이런 관점 바꾸기가 쉽지 않기 때문에 우리는 소설, 연극, 영화 등을 보며 나의 1관점을 다른 1관점으로 교체해 보는 경험을 한다.

1관점에서 펼쳐지는 브레인 롤플레잉은 우리 각자의 뇌 속에서 가장 많이 펼쳐지고 있는 상상 연극이다. 나 팀장의 브레인 롤플레잉은 사실 우리도 자주 경험하는 자기 자신과의 일종의 뒷담화에 해당한다. 또는 친한 친구와 같은 편끼리 나누는 이야기일 수도 있다. 이런 브레인 롤플레잉은 나만 관람하거나 나와 친한 사람들끼리만 관람하는 것이기 때문에, 애써 '역할 바꾸기' 상상을 하며, 반대편 입장을 고려할 필요가 없다. 이런 브레인 롤플레잉을 지나치게 반복하면, 우리는 편파적 공감 연극의 배우이자 관객 역할만 맡게 된다.

또한 당신이 진짜 나 팀장이고 저 상황의 당사자라면, 뇌 속에서 펼쳐지는 저 연극은 연극이 아닐 수 있다. 생생한 현실 그 자체일 수 있다. 연극은 분명 리얼하게 펼쳐지고 있음에도 현실이 아닌 꾸며낸 이야기에 불과하다. 그럼에도 당신의 뇌는 당신의 머릿속에서 펼쳐지고 있는 연극을 진짜로 인식할 가능성이 높다. 1의 관점으로 펼쳐지는 연극은 주인공 편파적인 연극이다.

나 팀장은 지금 그런 편파 연극 속에 주인공으로 있다. 또한 우리는 그런 편파 연극의 관객 역할을 맡고 있다.

실제로 연극(영화, TV드라마 포함)은 주인공 편파적인 경우가 많다. 대체로 주인공 입장에서 상황을 보여주고, 그와 같은 상황을 중심으로 악역, 조력자, 엑스트라 등과 같이 주변 인물들의 성격이 규정된다. 물론 다 그렇지는 않다. 우리가 연극, 영화 예술을 관람하는 것은 그것이 다양한 관점으로 상황을 보게 만들기 때문이다.

그러나 연극은 종종 TV 막장 드라마처럼, 주인공은 지나치게 선하게, 그를 괴롭히는 사람은 극악무도한 악인으로 편파적으로 표현되는 경우가 많다. 다큐멘터리 혹은 뉴스처럼 객관적 시점(물론 이 역시 연출 의도가 개입된 주관적 시점이지만)으로 상황을 펼쳐서 보여주지 않는다. 그러니 그걸 보는 관객은 자동으로 주인공의 입장으로 편파적일 수밖에 없다. 그래서 관객 역시 주인공 편이 되기 쉽다.

주인공이 악인일 경우에도 마찬가지다. 관객들은 주인공이 왜 악한 행동을 할 수밖에 없는지 쉽게 이해하고 공감할 수 있는 상황들이 펼쳐져 쉽게 주인공의 입장을 공감하게 된다. 실제로 연극, 영화, TV드라마를 볼 때 관객인 당신이 자동으로 주인공의 편이 되는 이유가 여기에 있다.

1인칭 주인공 시점으로 펼쳐지는 연극만 계속 보는 관객은 객관적이기 어렵다. 특히 당신이 지금 나 팀장과 비슷한 입장에 있거나 그런 경험이 있었다면, 이 연극을 관람(읽기)하면서 더 쉽게 나 팀장의 심정을 이해하고 공감했을 것이다. 그러니 나 팀장 브레인 롤플레잉의 관객이었던 당신은 안 대리보다는 주인공인 나 팀장 심정을 더 쉽게 이해하는 자동공감 상태가 되었을 가능성이 높다.

왜 제3자인 누군가가 봤을 땐 대수롭지 않은 상황이 당사자에겐 재앙이 닥친 것 마냥 큰 고통으로 다가올까? 그건 바로 브레인 롤플레잉이 1인칭 주인공 시점일 때가 많기 때문이다.

내 브레인 롤플레잉의 주인공(배우 역할)이 간혹 타인일 수도 있지만, 대부분 자기 자신일 때가 많다. 즉 우리 뇌 속에서 펼쳐지는 연극은 나 팀장처럼 1인칭 주인공 시점일 때가 많다. 나 팀장의 브레인 롤플레잉이 그의 내레이션으로 상황이 전개되는 것처럼 당신의 뇌 속에서는 당신이라는 1인칭 주인공의 내레이션으로 상황이 전개된다. 내 머릿속은 그 누구도 관람할 수 없기에 뇌는 마음대로 자기 편파적 연극을 펼친다. 그런 최적의 조건을 가진다.

연극(이 책에서 언급하는 '연극'의 개념은 TV 드라마, 영화 등 우리가 접하는 다양한 역할극과 연극적 요소를 모두 포괄한다.)이 공감에 효과적인 이유가 여기에 있다.

TV드라마, 영화, 연극, 소설 등의 관객이 되면 우리는 자연스럽게 주인공 편이 된다. 이는 평소 내가 경험하는 1관점이 아닌 다른 차원의 1관점을 경험하는 것이라고 할 수 있다. 그의 관점에서 펼쳐지는 연극을 관람하면서 우리의 공감 폭은 자연스럽게 넓어지게 된다. 평소 내 편이 아니었던 내 취향이 아닌 다른 부류의 사람들이 주인공인 연극을 보면서 일상에서는 쉽게 바뀌지 않는 나의 1관점이 자연스럽게 바뀌게 되는 것이다

하나의 관점, 즉 1관점만으로는 상황과 타인에 대해 온전히 이해하기가 어렵다. 공감은 언제나 다른 시각을 필요로 한다. 따라서 나 팀장의 입장에서만 바라보는 것이 아니라 안 대리의 관점에서도 저와 같은 상황을 들여다볼 필요가 있다. 실제에서는 이런 관점 바꾸기가 어려울 때도 많지만, 연극으로는 쉽다.

이제 다른 관으로 이동을 해보자.
당신은 〈타인의 뇌〉라는 간판이 붙어 있는 극장 입구에 서있다. 1관

맞은편에 있는 2관 앞에는 '안 대리 브레인 롤플레잉'이라고 쓰여 있다.
그럼, 2관으로 들어가 보자!

S#02. <2관> 안 대리의 브레인 롤플레잉 : 뭐? 그게 내 업무라고?

오전 11시 30분. 팀장에게 보낼 회의자료를 드디어 끝냈다. 어제 거의 다
해둬서 원래대로라면 10시면 끝났을 텐데, 나 팀장이 정신 사납게 "옐로,
옐로 프로젝트!"라면서 다 들리는 혼잣말을 무한반복하며 심리적으로
쪼아대는 바람에, 다시 검토하느라 지금 이 시간이다.

나 팀장은 팀 업무가 잘 안 돌아가는 이유가 내 일처리 속도 때문이라고
덮어씌우지만, 아니다. 진짜는, 업무엔 관심 없이 오직 본부장 비위 맞추
기에만 몰두하고 있는 나 팀장 때문이다. 일찍 결제를 올리면 뭐하나, 정
작 뜸을 들이는 건 나 팀장인데. 그것도 본인 느낌에 따라 결제할 타이밍
이 아니라며 묵히고 또 묵힌다. 한 번은 내가 올린 결제를 2주 넘게 묵혔
다가 본부장이 찾으니까, 그제야 허겁지겁 올린 적도 있다. 그러거나 말
거나 나한테 피해만 없으면, 상관없다. 문제는 본부장 결제가 떨어지면,
또 그때부턴 빨리 결과 보고서 내놓으라고 닦달하니 살 수가 없다.

"나만 다 해놓으면 뭐해? 뭐가 와야 취합을 하지…."

저렇게 다 들리는 혼잣말로 본인이 늦게 결제를 올린 걸, 교묘하게 내 잘
못으로 둔갑시켜 가스라이팅 한다. 그러면 이상하게도 진짜 내 일처리
속도가 문제인 것만 같은 기분이 든다. 팀장인 본인도 실무를 한다, 어쩐
다 하지만 타자만 칠 줄 알면 누구나 할 수 있는 쉬운 일만 쏙쏙 골라서
한다. 왜냐하면, 그는 그런 선택을 할 권한을 가지고 있는 팀장이니까. 그
리고는 뭔 말인지도 모를 어려운 업무들은 모두 팀원인 내 몫으로 돌아

온다. 지금은 장 대리, 김 과장도 없는 상태니까.

한때, '왜?'를 탐구해 가며, 보고서 하나에 한 땀 한 땀 열과 성을 다한 적도 있었다. 원래의 난 그런 완벽주의자다. 지금은 그냥 타자치는 손가락 노동자, 아니 팀장이 누르면 뚝딱 자료를 토해내야만 하는 보고서 자판기라고 해야 할까?

"왜? 왜는 뭔 왜야? 시키면 그냥 시키는 대로 그냥 해라. 좀!"

나 팀장의 저 멘트 덕분에 완벽주의자, 똘똘이였던 나는 하루가 다르게 멍청해지고 있다. 반면 오 팀장 밑에 있는 송 대리는 하루가 다르게 스마트해져 간다. 어느 순간 송 대리의 말투, 행동까지 똑 부러지는 오 팀장 판박이다. 부부만 닮는 게 아니다. 그냥 오래 같이 있으면 복사판이 된다. 여기 계속 있으면, 내 결말은 나 팀장이다. 그래서 이직하고 싶은 마음이 굴뚝이지만, 매일 산더미 업무를 쳐내느라 이직을 준비할 엄두가 안 난다. 그나마 석 달 전 외국계 회사로 이직해 이 팀을 탈출한 이 과장에게 자극받아, 나도 요즘은 퇴근 후 영어학원을 다니고 있다. 그래서 반드시 칼 퇴근을 해야 한다.

헉, 벌써 11시 40분이네. 오늘은 전세에서 월세로 옮기는 꿀꿀한 이삿날이다. 그래서 오후 반차를 냈다. 빨리 퇴근해야 한다. 근데 결제할, 나 팀장이 없네? 벌써 점심 먹으러 간 거다.

"안 대리, 가자!"

"헙, 본부장님! 안녕하세요. 근데 어딜?"

본부장은 내 인사를 받지도 않고 벌써 사무실 문 밖으로 직진이다. 뒤따르는 제작팀 송 대리, 다른 부서의 A~E 대리들. 앗, 오늘이 그날이구나!

두 달에 한번, 본부장이 실무자들 격려한답시고, 본부 대리들과 점심을 먹는 그 날인 것이다. 감히 불참한다고 할 수 없는 자리. 다행히 점심 먹고 출발해도 2시까지는 무조건 이사할 집에 도착이다. 그래! 밥이나 먹고 퇴근하자!

점심시간은 총알이다. 뭘 했다고 벌써 1시다. 그럼에도 식후, 스타벅스 커피 수액은 포기할 수 없는지라 커피를 바통처럼 쥐고, 총알이 되어 날아가는 중이다. 어? 근데 저게 뭐하는 짓이지? 사무실 문 앞에서 급정거를 한 건, 매너 없이 내 책상을 건드리는 나 팀장 때문이다. 대체 왜 남의 책상을 건드리는 걸까? 이 불쾌함을 드러내야 할까? 꾹, 참아야 할까? 결국 같이 일하려면, 일부러 못 본 척 할 수밖에 없다. 최대한 여유를 부리며 천천히 사무실로 들어선다. 그래야 나 팀장이 무안하지 않게 자기 자리로 갈 테니.

"회의자료, 오전까지 보낸다며?"
"네! 다 됐습니다. 지금 바로 보낼 게요."
"아우, 속 터져! 일 잘하는 장대리가 그립다! 벌써 내 책상에 딱! 에휴…."
어김없이 나 팀장의 다 들리는 혼잣말이 비수로 내 심장에 꽂힌다. 왜 자꾸 나를 제 맘대로 남과 비교하는 거지? 부르르 손이 떨린다. 장 대리가 언제 지금의 나처럼 혼자 일했던 적이 있었던가? 심호흡과 함께 커피 한 모금으로 떨리는 손을 겨우 진정시키며, 메일을 보낸다.
"야! 나대로! 뭐해? 안 들어오고?"

"ㄴ… ㄴ…네. 네! 본부장님! 갑니다!"

본부장 호출에 순식간에 살랑살랑 강아지 표정을 장착하고, ㄱ자로 꺾인 허리 걸음으로 본부장실로 날아가는 나 팀장. 정말 닮기 싫은 미래다. 그러거나 말거나 나는 퇴근 준비나 하자.

"야야야! 비상이다! 내일 회의 오늘 3시로 변경됐어! 안 대리 뭐해? 자료 안 보내고?"

"자료 벌써 보냈죠!"

"그러니까 그걸 어제 미리 보냈으면, 이 사달이 안 났잖아!"

엥? 이게 뭔 말인가? 내가 회의를 변경한 것도 아니고, 이걸 왜 또 '내 잘못 프레임'으로 만드는 거지? 지금부터 조심해야 한다. 저건 왠지 뭔 문제가 생기면, 나한테 덮어씌우려는 꼼수의 서막인 듯하다.

"저기, 팀장님 저는 이만 가보겠습니다."

"뭐라고?"

"오후 반차라서요. 2주 전에 팀장님께서 결제해 주셨는데, 기억 안 나세요?"

"뭐? 이런 비상상황에 반차? 말이 되니?"

"아니, 제가 이사를 가게 되어서 부득이…."

"잠깐만, 이게 뭐야? 왜 옐로 프로젝트가 없지? 그게 젤 중요한데…."

"아! 옐로는 3페이지요. 팀장님이 가장 중요하다고 하셔서 앞에 넣었죠."

"이건 옐로잖아! 욜로 어디 있냐고?"

"네? 옐로가 아니고 욜로요? 그게 대체 뭔가요?

왜 슬픈 예감을 틀리지 않는 걸까? 지금까지 팀장이 말했던 게 '옐로'가 아니라 '욜로'였단 말인가? 그럴 리가 없다. 분명 어제 팀장은 옐로 프로젝트 자료에 첨삭까지 해 줬다. 근데 이제 와서 '옐로'가 아닌 '욜로'? 이거 냄새가 난다. 저번처럼 본인이 잘못 알고 실수한 걸 슬쩍 나에게 덮어씌우려는 수작 같다. 이번엔 어림없다.

"팀장님 저는 맹세코 그 업무를 받은 적이 없습니다."

"장 대리 인수인계 자료 한번 찾아봐!"

"정말 죄송한데요. 이사 때문에 진짜 가봐야 해요. 다시 말씀 드리지만 맹세코 저는 그 업무를 인계 받은 적이 없습니다."

나 팀장의 독사 눈빛에 손은 이미 자료 검색 중이다. 찾았다. 인계자에 나 팀장 이름이 정확히 적혀 있는 자료다.

"여기 있네요. 팀장님이 인계 받으셨네요?"

"얼른 PPT파일로 바꿔줘! 난 지금 안 대리가 늦게 준 자료 다듬고 있으니까."

다듬긴 뭘 다듬어. 핑계도 좋다. 저 수작에 놀아나면 안 된다. 중요한 건 정말 이 자료는 뭔 말인지, 도통 모르겠다. 80%가 요상한 전문용어다. 섣불리 손댈 수 있는 자료가 아니다.

"저, 진짜 가봐야 해요. 참고로 저는 이 업무 결코 받은 적이 없습니다."

"뭐라고? 이거 네 업무잖아?"

"아뇨. 인계자에 팀장님 이름이…."

"아니, 이건 그냥 형식적인 표기고, 장 대리 실제 업무를 인계받은 건 누구지?"

"네? 그래서 제 업무라고요?"

등줄기에서 식은땀이 흐르고, 심장이 사정없이 쿵쾅거린다. 나 팀장은 지금도 계속 따발총처럼 뭐라 뭐라 하는데, 아무것도 들리지 않는다. 왜 항상 우리 업무는 없고, 내 업무만 있는 걸까? 왜 늘 나만 바쁘고, 나 혼자만 고군분투 하는가? 당장 이 지옥을 탈출해야 한다.

"저도 능력만 되면 하죠. 근데 이건 아무리 봐도 뭔 말인지 전혀 모르겠어요! 맹세코 저는 이 업무를 인계 받은 적이 없습니다. 오후 반차가 벌써 1시간이나 지났고요. 지금 바로 가봐야 할 것 같습니다. 죄송합니다. 내일 뵙겠습니다."
덜덜 떨리는 손으로 업무 판을 팀장 책상 위에 올려놓고, 후다닥 사무실을 뛰쳐나왔다. 다리가 풀린다. 아차, 커피 수액을 못 챙겼다. 가슴 깊숙한 곳에서 끓어오르는 정체불명의 이 응어리를 일단 '아아'로 응급조치 해야 하는데…. 일단 목에 걸린 사원증이라 불리는 목줄부터 떼버리고, 목을 축이러 스타벅스로 전력질주 한다. 닮고 싶지 않은 미래와 최대한 멀리 떨어지기 위해서.

'뭐? 그게 내 업무라고?'

안 대리의 브레인 롤플레잉은 여기까지다.
이번에도 역시 앞에서 했던 방식과 동일하게 당신의 마음을 체크해보자.

만약 (나 팀장과 안 대리 중, 무조건 한쪽 편을 들어줘야 한다) 라면,
당신의 선택은?

이번에는 누구를 선택할 것인가? 당연히 앞에서 했던 선택과 같아도 되고, 달라도 된다. 지금 당신의 마음이 가는 쪽을 선택하면 된다.

구경꾼에서 판정단이 된 당신의 두 번째 선택은?

역할(입장)	나팀장				중립	안 대리			
공감 정도	100%	75%	50%	25%	둘 다	25%	50%	75%	100%
내 선택(V)									

선택 가시화 체크표

이 선택에 관한 이야기 역시 다음 단락에서 다루도록 한다. 이번에도 브레인 롤플레잉 관객이 되어 본 당신의 '관점'에 대한 이야기부터 나눠 보자.

상황을 역지사지의 시점으로 보게 하는 '2관점'

2관점은 같은 상황을 상대방의 입장에서 '다시 보기'를 하는 관점이다. 즉 '상대의 관점'이다. 1관점이 내가 처음에 가지는 관점이라면, 2관점은 이후에 추가로 갖게 되는 관점 중 하나다. 다만, '두 번째로 가지는 관점'이라는 뜻은 아니다. 우리가 추가로 가지는 관점이 반드시 내 앞에 있는 상대방의 시각과 일치하는 것은 아니기 때문이다.

이는 실제 경험일 수도 있지만, 대부분 머릿속에서 이루어지는 의식적인 상상 경험에 가깝다. 물론 우연히 상대와 비슷한 상황에 처하면서 자연스럽게 역지사지의 경험을 할 수도 있다. 그러나 그 역시 단순한 경험이 아니라 내가 겪은 상황에 상대의 입장을 대입해 보려는 의식적인 노력이 있어야 가능하다. 결국, 이 과정 자체도 상상의 영역이다.

또한 1관점은 내 관점이므로 반드시 가질 수 있지만 2관점은 상대가 누구냐에 따라 가질 수도 있고, 영원히 가질 수 없는 관점이 될 수도 있다. 왜냐하면, '죽어도 이 사람은 절대 이해할 수 없어!' 또는 '그냥 이해하고 싶지 않아!' 라는 생각이 드는 사람이 분명히 있기 때문이다.

그래서 1관점은 '자동적 관점', 2관점은 '의식적 관점'에 가깝다. 물론 2관점 역시 타인을 공감하도록 설계된 우리 두뇌 특성상 자동적으로 형성될 수도 있다. 나도 모르게 입장을 바꿔 생각해 보는 상상이 자동으로 일어나기도 한다. 그때의 공감은 우리에게 라면 끓이기만큼 쉬운 일이 된다.

'대체 뭐가 진실이지?
누구의 뇌 연극이 더 정확한 상황을 보여주는 거지?'

1관 나 팀장 브레인 롤플레잉을 관람했을 때는 안 대리가 악역으로 보였다. 그런데, 2관 안 대리 연극을 보고 나자 이제는 나 팀장이 악역으로 보이게 되었을지도 모른다. 악역까지는 아니더라도, 1관 나 팀장의 브레인 롤플레잉만 관람했을 때와는 분명 다르게 보였을 것이다. 이것이 바로 반전의 묘미, 우리가 연극, 영화, 드라마를 좋아하는 이유다. 우리의 일상은 주로 내 관점과 내 편의 입장에서 보는 편파 상황인데 반해 진짜 연극은 마지막에 꼭 반전 상황이 펼쳐져 다른 관점을 갖게 된다.

2관에서 안 대리의 브레인 롤플레잉을 관람함으로써 1관 연극만 봤을 때 들었던 '안 대리가 문제네!' 라는 단정적 생각이 '뭐지?' 하는 의문의 호기심으로 바뀌었을 수 있다. 나 팀장 브레인 롤플레잉만 관람했다면, 생기지 않았을 의문이다.

　일상에서도 이런 관점 변화의 상황을 겪는다. 당신 주변에도 이렇게 같은 상황을 두고 상반된 주장을 펼치는 캐릭터들이 있을 수 있다. 두 사람과 모두 친분이 있는 상태라면, 양쪽 모두 시간차를 두고 당신을 찾아와 각자의 갈등 문제를 하소연할 가능성이 높다. 그때도 저런 의문이 들 수 있다. 나 팀장 같은 사람의 하소연을 들어줄 땐, 그쪽 편에 서서 맞장구를 쳐 줘야 하고, 안 대리 같은 사람의 하소연을 들을 땐, 재빨리 태세를 전환해 그의 편에 서줬던 경험이 있을지 모른다. 그러다 진짜 누구의 말이 진짜인지 개인적으로 궁금해 질 수도 있다.

　그렇지만 그 진실을 밝히기 위해 영화 속 형사처럼 CCTV를 본다거나, 녹취록을 들으며 그 상황을 정확히 따져볼 수 없다. 그렇게 할 수 있다고 하더라도 거기에는 그들의 표면적 갈등 단면만 있을 뿐 그 상황에서 일어난 둘 사이에 미묘한 진짜 내면 소통까지 확인할 방법은 없다. 그래서 일상에서의 갈등 문제들은 미궁 속에 빠져 있는 경우가 허다하다.

　참고로, 우리는 나 팀장의 브레인 롤플레잉을 먼저 관람했기 때문에, 안 대리의 브레인 롤플레잉이 2관점이 된 것이다. 만약 안 대리 브레인 롤플레잉을 먼저 관람했다면, 당연히 1관점은 안 대리의 관점이었을 것이다. 2관점은 반드시 1관점이 존재해야만 발생할 수 있다. 안 대리 입장에서도 저 브레인 롤플레잉은 1관점의 편파 연극이다. 같은 상황을 다른 시각으로 두 번 관람한 덕분에, 나 팀장 연극만 봤다면 알 수 없었을 새로운 정보들이 우리에게 반전의 관점을 선물해 주었다.

브레인 롤플레잉은 실제가 아닌 연극이기 때문에, 마음만 먹으면 1관점과 2관점 외에도 얼마든지 새로운 관점을 취할 수 있다. 이제, 또 다른 관점을 만나 보자! '라면(If) 극장' 입구, 1관과 2관 사이 깊숙한 복도 끝에 또 다른 관이 있다는 말을 기억하는가?

뚜벅뚜벅 그 복도 끝을 향해 걸어가면, '미화직원의 브레인 롤플레잉'이라고 쓰여 있는 3관이 보일 것이다. 그 관으로도 들어가 보자!

S#03. <3관> 미화직원의 브레인 롤플레잉 : 직장인들이 펼치는 무언극

오전 11시 30분. 벌써부터 점심을 먹으러 직원들은 썰물처럼 사무실을 빠져나간다. 그 틈에 난 사무실 바닥, 껌 떼기 청소작업을 할 예정이다. 직원들이 빠져나간 썰렁한 사무실에서 누가 업어가도 모를 정도로 업무에 몰입, 폭풍 타이핑을 하는 저 젊은 직원은 누굴까? 방해가 될지도 모르니, 안쪽 사무실 바닥부터 청소작업을 해야겠다.

"진짜 끝!"

그 직원이 갑자기 소리를 지르며 좋아죽는다. 그래, 이왕 하는 직장일 저렇게 밝고, 신나게, 열정적으로 일하는 게 좋지. 기특해라. 내가 저 직원의 상사라면, 맛난 거라도 사 주고 싶네.

"안 대리, 가자!"

"헙, 본부장님! 안녕하세요. 근데 어딜?"

뭐지? 저 본부장이 내 속말을 들은 건가? 우르르 직원들을 데리고 밥을 먹으러 가나 보다. 그럼 나도 집중해서, 밝고 신나게 열정적으로 내 업무에 몰입해 볼까?

벌써 오후 12시 50분.

시간은 정말 총알이다. 청소는 아직 마치지 못했는데, 벌써 직원들이 들어온다.

"잠시만요, 바닥 껌 떼기 청소 작업 좀 할게요."

팀장에게 양해를 구하고, 그의 책상 밑, 바닥을 확인한다. 검은커녕 반짝반짝. 바닥은 물론 책장 위, 필기도구, 서류철, 컴퓨터 자판과 마우스까지 보이지 않는 구역이 정해져 있는 듯 오차 없이 정돈되어 깨끗하다.

"이거 하나 드시고 하세요! 수고가 많습니다."

"아이고, 뭘 이런 걸. 감사합니다. 팀장님, 잘 마실게요."

친절하기도 해라. 그 팀장이 두 손으로 공손하게 나에게 박카스 하나를 건넨다. 그러고는 또 내 청소 작업에 자신이 방해가 될까 팀원들 자리를 둘러보는 척 하며 슬쩍 자리를 비켜 준다. 감동이다. 이때, 아까 그 젊은 직원이 들어온다. 진짜 빨리 청소작업을 마쳐야겠다. 재빨리 다음 책상 바닥을 확인한다.

"안 대리, 그 회의자료 어떻게 됐어?"

"네. 팀장님 다 됐습니다. 바로 보낼게요."

근데, 이 자린 뭐지? 책상에 아무것도 없는 걸 보니 빈자리인데, 바닥에 껌뿐 아니라 이상한 오물들이 덕지덕지 붙어 있다. 이런 건 제거하는 데 시간이 좀 걸리는데.

"야! 나대로! 뭐해? 안 들어오고?"

"ㄴ… ㄴ… 네! 본부장님! 갑니다."

본부장 목소리가 좀 크긴 크다. 총알처럼 날아가는 '배려 팀장' 모습이 왠지 짠하다. 화를 내는 건 아닌 것 같고, 본부장의 원래 성격과 목소리가 걸걸한 것 같다. 아무튼 들어간 지 얼마 안 돼서 나온 그 팀장의 얼굴은 사색이다.

"안 대리, 큰일 났다. 내일 회의가 오늘로 변경됐어. 자료는 보냈지?"

"네. 보냈습니다. 근데 저 오늘 오후 반차라서 지금 가봐야 하는데 어쩌죠?"

"뭐? …아! 그래? …음 …잠깐만 보낸 자료 체크 좀 해볼게."

이건 뭐지? 바닥에 정체불명의 오물이 있는데, 특수약품이 필요하다. 얼른 가지고 와야지. 잠시 후, 약품을 가지고, 사무실로 돌아왔다. 퇴근한다던 젊은 직원은 꼼짝없이 붙잡혀 일을 하고 있었다. 직장생활이 그렇지 뭐.

"팀장님, 찾았습니다. 장 대리 인수인계 파일에 있네요."

"근데 이거 PPT 형식이 아니네. 안 대리가 이것만 좀 변경해 주면 안 될까?"

"아…. 저도 그러면 정말 좋겠는데… 사실 제가 오늘 이사라서…."

"그래? 아! 어떡하지? 큰일이네."

"그러니까요… 어… 떻… 하죠?"

"…근데 이게 왜 누락된 거지?"

"네?"

"휴!"

"……."

"……."

뭐지? 갑자기 둘 다 음소거가 되었다. 궁금한 건 참지 못하는 성격인지라, 청소를 멈추고 살짝 엉덩이를 들어 그들을 본격 관람해 본다. 팀장은 앉아서, 말없이 직원을 보고 있다. 그런데 눈빛에서 뭔 글자들이 나오는 것 같았다. 직원 역시 들고 있는 업무 판을 만지작거리며, 그 팀장에게 무언의 답장을 눈빛으로 보내고 있는 듯 보였다. 분명 그들의 입에는 자물쇠가 채워져 있지만, 아주 격렬한 무언의 대화가 오가고 있다. 금방이라도 끊어질 듯 팽팽한 실이 두 사람 사이에 존재하는 듯 보였다. 이런 걸 기 싸움이라고 하나보다.

속 시원히 그냥 말로 하지, 졸지에 관객이 된 나는 둘이 눈으로 무슨 말을 하는지 궁금해 죽겠다.

"……."

"……."

그래, 남의 불구경 그만하고, 내 업무나 빨리 마무리 하자.

"그럼 과연 이 업무는 누가 해야 할까?"

팀장이 먼저 침묵을 깨뜨리는 질문을 던졌다. 나는 다시 관객 모드.

"네? 저기… 팀장님…."

"……."

"아무래도… 제가…."

"가봐!"

"네?…. 아! 네…. 그럼 내일 뵙겠습니다."

무슨 대화가 저렇지? 아무튼 둘은 옹알이 같이 알 수 없는 짧은 단어들을 주고받더니, 직원은 살포시 업무 판을 팀장 책상에 올려놓는다. 그리고 까치발로 살얼음 위를 걷는 듯 조심스럽게 사무실을 빠져나간다. 그러자 팀장은 머리를 쥐어뜯으며, 고개를 숙였다가 천장을 봤다가 자리에서 일 어났다가 다시 앉았다를 반복한다. 한편의 모노 드라마, 무언극 같았다. 지금 이 사무실에 있는 스무 명 넘는 직원들 중 그 연극의 관객은 오직 나뿐이다. 나는 가끔 본의 아니게 직장인들이 펼치는 무언극의 관객이 되기도 한다.

"본부장님 일정이 다시 변경돼 오늘 회의는 모레 오후 3시에 한답니다!" 그때, 본부장 비서가 나와서 이런 멘트를 던지고 들어갔다. 그 팀장은 가 슴을 쓸어내리며, 크게 심호흡을 했고, 얼굴은 금세 밝아졌다. 좀 전에 "끝났다!"를 외친 젊은 직원의 표정과 다르지 않았다. 때마침 나도 청소 를 다 끝냈다.

"진짜 끝!"

미화직원의 브레인 롤플레잉은 여기까지다.

마지막으로 당신의 마음을 체크해 보자.

만약 (나 팀장과 안 대리 중, 무조건 한쪽 편을 들어줘야 한다) 라면,

당신의 선택은?

구경꾼에서 판정단이 된 당신의 마지막 선택은?

역할(입장)	나 팀장				중립	안 대리			
공감 정도	100%	75%	50%	25%	둘 다	25%	50%	75%	100%
내 선택(V)									

선택 가시화 체크표

이 선택에 관한 이야기 역시 다음 단락에서 나누기로 하고, 마지막 브레인 롤플레잉의 관객이 되어 본 우리의 '관점'에 대한 이야기를 나눠 보자.

상황을 관객의 시점으로 보게 하는 '3관점'

3관점은 같은 상황을 거리를 두고 다시 보기를 하는 관점이다. 흔히 말하는 '제3자 관점'이다. 내가 처한 상황을 마치 구경하듯 바라볼 때 갖게 되는 시선이다. 어쩌면 당신은 1관점과 2관점을 브레인 롤플레잉으로 관람할 때 이미 3관점에 있었을지도 모른다. 나 팀장과 안 대리는 당신과 아무런 이해관계가 없는 제3자일 뿐 아니라 심지어 가상의 인물이

기 때문이다. 우리는 나와 관련 없는 타인의 문제에서는 쉽게 3관점이 된다. 길을 걷다가 우연히 보게 된 낯선 사람들의 다툼이나, 타 부서의 갈등을 볼 때처럼 말이다.

그러나 내 문제, 내 가족, 내 편에 속하는 사람들의 문제를 이런 시각으로 보는 것은 쉽지 않다. 따라서 내 문제에서의 3관점은 2관점과 마찬가지로 의식적으로 취해야 하는 관점이다.

'무엇이 그렇게 그들의 감정을 상하게 했을까?'

'뭐가 문제였을까?'

'왜 그런 반응을 보일 수밖에 없었을까? 진짜 속마음은 뭐였을까?'

같은 상황을 여러 번 관람하는 것은 그 상황에 대한 감정을 증폭시킬 수도 있고, 무디게 만들 수도 있다. 같은 역할과 관점으로 반복해서 보면 감정이 증폭되고, 다른 역할과 관점으로 반복하면 감정이 무디게 될 수 있다.

제3자가 봤을 때, 실제 직장인들의 갈등 상황의 모습은 1, 2관의 연극처럼 솔직한 말들이 오가는 경우보다 3관처럼 모호한 무언극일 수 있다. 퇴사를 하지 않는 이상, 직장생활은 2시간이면 끝나는 단편극이 아니라 매일 이어지는 연속극이다. 다음 편을 기약해야 하기에, 속내를 숨기고 내 머릿속에서만 격렬하게 싸우는 허상의 브레인 롤플레잉 재방송인 경우가 많다. 많은 사람들이 막장 드라마를 욕하면서 보게 되는 이유가 여기에 있는지도 모른다. 답답한 현실 속 무언극에서 벗어나, 뇌 속에서나마 드라마 속 그 주인공이 되어 속내를 가감 없이 드러내 보는 쾌감과 대리만족을 느껴보는 것이다.

우리는 타인의 말과 행동을 그대로 받아들이기보다 스스로 해석하고 의미를 부여한 나만의 브레인 롤플레잉을 펼치고, 그 안에서 스스로 상처받고, 억울해 하고, 분노하기도 한다. 나 팀장이 안 대리에게 무슨 말을 했느냐보다 안 대리 머릿속의 나 팀장이 어떤 말을 했느냐가 더 중요할 때가 많다. 이런 허상의 브레인 롤플레잉이 실제 소통에 영향을 준다.

만약 우리가 3관에서 펼쳐지는 브레인 롤플레잉을 가장 먼저 관람했다면, 우리의 1관점은 '미화직원'이 되었을 것이다. 주인공인 미화직원에게 감정이입을 하며 상황을 바라봤을 것이다.

그러나 우리는 이미 같은 상황을 세 번째로 보고 있고, 앞서 경험한 브레인 롤플레잉이 우리의 경험대본이 되었다. 그 결과, 우리 뇌는 무의식적으로 '나 팀장과 안 대리가 주연이고, 미화직원은 조연이구나.' 라고 인식했을 가능성이 크다.

어떤 문제에서 주연이 아닌 조연이 되면, 우리는 자동으로 3관점을 갖게 된다. 특정 인물과 상황에 깊이 몰입하기보다는 한 걸음 물러나 중립적인 시각을 취하는 것이다.

내 문제의 당사자가 아닌 제3자가 되면, 감정에 휘둘려 놓쳤던 호기심 어린 질문들이 머릿속에 피어날 수도 있다. 이는 우리가 처한 상황을 보다 객관적으로 바라볼 수 있는 계기가 된다.

가시화하면 관점을 바꿀 수 있다

무언가를 잘 보지 못하는 이유는 그것이 내 눈에 잘 띄지 않기 때문이다. 가시화가 잘 되지 않아서다. 가시화(可視化, Visualization)란 어떤 현상을 실제로 드러내는 것이다. 쉽게 시각화 하는 것이라고 보면 된다. 보이지 않는 추상적인 개념, 정보, 과정 등을 형태화 하여 명확하게 드러나도록 표현하는 것이다.

'가시화 작업'은 이미 일상에서 생활화되어 있다. 외출할 때마다 자동차 키를 챙기지 못한다면 현관문에 크게 '자동차 키'라고 써 놓기도 한다. 마트에 갈 때마다 '뭘 사러 왔지?' 라고 생각한다면, 미리 장보기 리스트를 메모해 간다. 다이어리를 작성하거나 자기계발을 위한 '비전 보드 만들기'나 '만다라 차트' 같은 다양한 비주얼 씽킹Visual Thinking 도구를 사용해 보이지 않는 생각들을 시각적인 형태로 표면화 한다.

가시화 작업 : 눈에 띄지 않는 것을 눈에 보이게 하는 것

공감을 위한 관점 바꾸기에서도 이런 가시화 작업이 중요하다. 우리는 자기 마음과 관점이 어떤 상태인지 모를 때가 많다. 오히려 타인의 마음 상태나 관점을 더 쉽게 본다. 타인은 내 눈 앞에 가시화 되어 있기 때문이다. 그들의 눈빛, 표정, 말투, 행동을 보면 마음 상태도 어느 정도 쉽게 짐작해 낼 수 있다. 그러나 자기 자신은 그렇게 보기 어렵다. 물론 거울 같은 도구를 통해, 자신을 마치 타인을 보듯 관람할 수는 있다.

하지만 그 행위가 가시화가 되려면 좀 더 의식적이고 연극적 행위가 가미되어야 한다. 그런데 우리가 매일 화장실 거울이나 손거울로 나를 보는 행위는 의식적인 경우도 있지만 자동적이고 기계적일 때가 더 많다. 예를 들어, 립스틱을 바를 때 얼굴 전체가 아닌 입술만 보거나, 바르는 행위 자체에만 집중하는 것이 그것이다. 만약 거울보기를 통해 내 마음을 가시화 하고 싶다면, 그런 행위는 멈추고 오직 나에게만 집중해야 한다. 한참을 주시하며 전체적인 몸과 얼굴도 보고, 눈, 코, 입 하나하나 세세히 들여다보기도 해야 한다. 결정적으로 거울 속 나를 마치 타인 대하듯 보며, 그에게 질문을 던지고 답변하는 등의 의식적 활동이 수반되어야 한다. 이를 통해 내 마음 상태가 어떤지 내가 알아차려야 비로소 마음이 가시화 되었다고 할 수 있다.

관점도 마찬가지다. 내 관점은 눈에 보이지 않는다. 그렇기 때문에 내가 어떤 관점을 가지고 있는지조차 모를 때가 많다. 그때 나는 왜 그런 선택을 했고, 또 다른 때는 저런 선택을 했을까? 그 이유를 내가 나에게 설명할 수 있을 때, 비로소 관점은 가시화 된다. 그때 내가 그 관점을 계속 유지할지, 아니면 바꿔야 할지를 결정할 수 있게 되는 것이다.

이제 직장인 캐릭터들의 브레인 롤플레잉을 관람한 후, 체크 리스트를 활용한 이야기를 해보자. 그것이 바로 당신의 관점을 가시화하기 위한 준비작업이었다.

각 브레인 롤플레잉을 관람한 직후, 당신이 했던 선택들을 아래 표에 다시 체크해 한 눈에 가시화 해보자.

종합 : 당신의 첫 번째, 두 번째, 최종 선택은?

역할(입장)	나 팀장				중립	안 대리			
공감 정도	100%	75%	50%	25%	둘 다	25%	50%	75%	100%
내 선택 1.									
내 선택 2.									
내 선택 3.									

선택 가시화 체크표

앞서 1장에서 '역할 스티커'를 '타인 역할 주사위 단면'으로 다시 이미지화 했던 것을 기억하는가? 그것 역시 관점 바꾸기를 위한 가시화 작업이었다.

가시화는 사실 우리 뇌를 속이는 행위이다. 우리의 마음은 모호하다. 이 체크표처럼 %로 수치화되거나 명확한 측정이 어렵다. 그런데 가시화할 수 있는 체크표가 있고, 그것을 선택하면 그때부터 관점이 명확해지는 기분이 든다. 관점을 갖지 않는다는 것은 내가 어떤 관점을 가지고 있는지를 의식하지 않는다는 말이다. 이 체크표는 중립을 선택할 수도 있지만, 나 팀장과 안 대리 중 하나를 선택하도록 구성되어 있기 때문에 그 선택으로 당신은 의지와 상관없이 자기 관점을 갖게 된다.

눈에 보이지 않는 추상적인 것을 가시화하면 뇌의 인지적 부하가 감소된다. 그렇게 되면 뇌는 더 많은 에너지를 자신과 타인의 감정을 인식하고 이해하는 데 쏟을 수 있다. 무엇보다 내가 그 관점을 계속 유지할지 바꿀지를 결정할 수 있게 만든다.

관점 가시화 해석하기

내가 당신의 선택을 볼 수 없으니, 다음과 같은 예를 들어보겠다. A, B, C 중 당신의 선택은 어떤 형태에 가까운가? 당신의 선택과 가장 비슷한 형태에 관한 나의 해석을 참고해 주기 바란다.

A의 선택

역할(입장)	나 팀장				중립	안 대리			
공감 정도	100%	75%	50%	25%	둘 다	25%	50%	75%	100%
내 선택 1.		√							
내 선택 2.							√		
내 선택 3.					√				

B의 선택

역할(입장)	나 팀장				중립	안 대리			
공감 정도	100%	75%	50%	25%	둘 다	25%	50%	75%	100%
내 선택 1.		√							
내 선택 2.			√						
내 선택 3.			√						

C의 선택

역할(입장)	나 팀장				중립	안 대리			
공감 정도	100%	75%	50%	25%	둘 다	25%	50%	75%	100%
내 선택 1.					√				
내 선택 2.					√				
내 선택 3.					√				

만약 (A와 비슷한 선택을 했다) 라면?

A와 같은 형태의 선택은 세 번 모두 눈에 띄게 다른 결정을 한 경우를 의미한다. 만약 당신이 여기에 해당한다면, 아래에 제시된 필자의 해석을 참고하여, 당신의 공감 모드가 왜 달라졌는지 그 이유를 스스로 되짚고 자신의 관점을 점검해 보자. 단, 필자의 해석은 어디까지나 참고일 뿐, 정답은 아니라는 점을 기억하자.

이러한 선택을 한 사람을 긍정적으로 보면 유연한 사람이라 할 수 있고, 부정적으로 보면 줏대가 없는 사람이라고 볼 수도 있다. 공감의 폭이 넓고, 새로운 정보를 접했을 때 고집부리지 않고 기꺼이 받아들이며, 타인에 대한 편견과 고정관념이 적은 사람이라면 이는 공감에 있어 큰 장점이 된다.

그러나 반대로, 쉽게 의견을 바꾸는 모습이 타인에게 신뢰를 주지 못하는 요소가 될 수도 있다. 쉽게 정보를 받아들이고, 처음에는 "이 사람은 이런 사람이겠지?" 하다가도 곧 "아, 저 사람이 그런 사람이었네." 하며 빠르게 마음을 바꾼다면, 이는 타인과의 공감에서 독으로 작용할 수 있다.

대부분의 사람들은 온전한 내 편을 원한다. 그렇기 때문에 쉽게 입장을 바꾸는 사람은 쉽게 신뢰를 잃을 수도 있다.

당신은 스스로를 어느 쪽에 더 가까운 사람이라고 생각하는가?

만약 (B와 비슷한 선택을 했다) 라면?

B와 같은 형태의 선택은 세 번의 선택에서 모두 처음 선택했던 캐릭

터인 나 팀장 또는 안 대리 중 한 인물을 계속 선택한 경우를 의미한다. 물론 비율에 약간의 차이는 있을 수 있지만, 전체적으로 일관된 선택을 했다고 볼 수 있다.

이런 사람에 대해 긍정적으로 보면 주관이 뚜렷하고 신념이 강한 사람이며, 부정적으로 보면 고집이 센 사람일 수도 있다. 동일한 상황을 세 번 관람하는 동안 타인의 이면이나 새로운 정보를 접했음에도 불구하고, 이를 받아들이지 않는 태도를 보일 가능성이 있기 때문이다.

그러나 자신이 왜 나 팀장 편만, 혹은 안 대리 편만 들었는지를 설명하는 과정에서, 실제로는 고집이 아니라 다른 이유가 있었음이 밝혀질 수도 있다. 예를 들어, 나 팀장을 계속 선택한 이유가 단순한 선호 때문이 아니라 과거의 경험과 연결되어 있을 수도 있다. 그 경험대본 때문에 그 입장에 더 공감이 되거나 자신의 특정한 가치관과 편견이 작용했을 수도 있다.

이는 안 대리를 선택한 경우도 마찬가지다. 그런 경험대본이 작용했을 수도 있고, 단지 나와 성향과 닮아서, 혹은 나와 다른 성향이어서 더 이해하려고 했을 수도 있다.

이처럼 여러 번의 선택을 분석하는 과정에서, 내 신념과 경험 그리고 가치관이 타인을 판단하는 데 어떻게 작용했는지를 돌아볼 기회가 된다. 공감 확장은 '어떤 선택을 했느냐'가 아니라 '왜 그런 선택을 했느냐'를 스스로 탐색하는 과정에서 일어난다.

만약 (C와 비슷한 선택을 했다) 라면?

C와 같은 선택을 한 사람은 나 팀장과 안 대리 어느 한쪽도 선택하지 않은 경우를 의미한다. 긍정적으로 보면 "그럴 수도 있지, 둘 다 이해해." 라는 태도를 가진 평화주의자일 수 있다. 그러나 부정적으로 보면 갈등을 회피하거나 나와 직접적인 관련이 없는 상황에서는, 에너지를 극도로 아끼려는 사람일 수도 있다.

하지만 이 선택에서 역시 스스로 왜 이런 선택을 했는지 설명하는 과정에서 그렇지 않을 수 있음을 확인할 수도 있다.

실제로 어떤 문제든 제3자의 입장이 되면 중립적인 태도를 취하기가 훨씬 쉽다. 그래서 내 문제에서 이런 관점을 취할 수 있다면, 당신의 공감능력 확장에 큰 도움이 될 것이다. 그러나 반대로, 나에게 공감을 원하고 내 편이 되어주길 바라는 누군가, 예를 들어 친구나 지인에게 이와 같은 태도로 조언한다면, 그들은 당신을 공감능력이 부족한 사람으로 오해할 수도 있다.

힘든 상황에 처한 누군가에게는, 이런 중립적인 입장과 조언이 오히려 상처가 될 수도 있기 때문이다. 그때는 오히려 그 사람의 감정에 더 깊이 들어가서, 그의 입장에서 어떤 감정을 느끼는지, 왜 그 선택이 어려운지 함께 고민해 주는 것이 진정한 공감일 수도 있다. 물론 그 반대로, 감정을 표현하거나 문제를 이야기할 때, 단순히 공감을 표시하는 실질적인 조언이나 지원을 원할 때도 있을 것이다.

결국, 공감은 단순히 '이해하는 것'을 넘어 언제, 누구에게, 어떻게 표현하느냐가 중요하다. 언제나 같은 방식으로 적용될 수 있는 것이 아니라 상황에 따라 맞춰가는 유연함이 중요하다.

관점에 정답은 없지만

'이런 관점을 가져야 한다'는 정답을 기대했던 사람도 있을지 모르겠다. 하지만 관점 체크와 해석에는 정답이 없다. 가시화 작업은 정답을 찾거나 옳고 그름을 따지는 활동이 아니다. 옳은 관점이 어디에 있을까? 상황과 경우에 따라 달라지는 다양한 관점과 각자 다른 관점만 있을 뿐이다.

또한, 필자인 내가 한 해석이 불편하게 느껴졌을 수도 있다. 그렇다면 해석한 내용 자체보다는, 그 해석의 '방식'을 참고하면 된다. '아, 이렇게도 볼 수 있겠구나' 정도로만 받아들여도 충분하다. 진짜 가시화의 해석은 당신이 직접 당신의 선택표를 들여다보고, 자신만의 해석을 하는 것이기 때문이다. 나는 왜 이런 선택을 했는지 스스로에게 설명하고 설득해 보라. 그 선택이 왜 이루어졌는지 스스로 묻고 답하는 그 과정 자체가 곧 가시화 작업이기 때문이다.

이와 같이 가시화 할 수 있는 도구들은 이미 많은 자기계발 관련 도서를 통해 소개되어 있다. 어떤 도구를 사용하든 상관없다. 중요한 것은 그 도구를 활용해 특정 상황에 대한 내 관점을 확인해 보는 것이다. 단, 체크 항목의 설정과 디자인 구성에 따라 관점은 다르게 해석될 수 있으므로 자신에게 맞는 방식을 찾는 번거로움을 감수해야 한다.

마음을 헤아리기 어려운 상태는 마치 불 꺼진 방에서 물건을 찾는 것과 같다. 그 번거로움을 감수하면, 깜깜해 보이는 내 머릿속의 관점과 생각들에 불이 켜지는 일이 일어날 수 있다. 그것이 관점 가시화 작업이다.

내 문제의 관객이 되어 보는 관람력

내가 어떤 위치, 역할, 입장에 처해 있느냐에 따라 같은 상황도 다르게 보일 수 있다. 우리는 특정 상황을 한쪽으로 치우쳐 보거나, 반대로 뒤집어 보거나, 혹은 중립적인 시각으로 바라볼 수 있다. 이 세 가지 관점 중어느 하나가 절대적으로 '좋다'거나 '나쁘다'고 말할 수는 없다. 각각의 시선에는 나름의 장단점이 있기에, 단 하나의 시각만을 고수할 필요가 없다. 중요한 건, 이 세 가지 관점이 각기 필요한 순간이 다르다는 점이다.

공감을 잘한다는 것은 내가 여러 관점을 가질 수 있다는 사실을 알고, 지금 내가 처한 상황에 필요한 혹은 부족한 관점이 무엇인지를 생각해보며, 문제 상황을 다른 시각으로 좀 더 지혜롭게 보는 관점을 취하는 것이다. 즉 내가 의식적으로 관점을 선택하는 것이다.

다양하게 관람하는 것을 넘어 필요한 관점을 취하는 것이다. 하나의 상황을 하나의 관점으로만 해석해 보는 사람과 여러 관점으로 바꾸어 다양하게 관람할 수도 있는 사람의 공감 폭은 분명 다르기 때문이다.

타인의 뇌를 관람한다는 것은 진짜 눈으로 보는 행위가 아닌 상상 행위다. 인간이기 때문에 가능한 이 상상 능력을 의식적으로 사용할 수 있을 때, 공감의 폭은 무한대로 확장되어 다른 차원의 공감이 가능해진다.

내 문제의 관객이 된 이후

"팀장이 팀원에게 직접 사과를 했다고요?"

A회사로부터 팀원들을 대상으로 하는 강연극을 요청받았다. 지난번 교육 대상은 팀장이었다. 그야말로 교육생이 '역할 바꾸기'가 된 셈이다.

관련 미팅 자리에서 기업 담당자로부터 강연극 교육을 들었던 팀장 중 한 명이 실제로 팀원에게 사과를 했다는 이야기를 전해 들었다. 그의 설명에 따르면, 제3자의 입장에서 갈등 상황을 바라보니 팀원의 입장을 이해하게 되었다고 한다.

그동안 그 팀장의 눈에 비친 그 팀원은 상사의 지시를 건성으로 듣고, 마지못해 일하는 불성실한 직원이었다고 한다. 하지만 강연극에서 배우들이 펼치는 상황 연극을 보고 깨달음을 얻게 되었다는 것이다. 즉 그 직원의 태도가 상사인 자신이 무심코 했던 습관적이고 강압적인 말투로 인해 감정적으로 상처를 받았을 수도 있다는 걸 깨닫게 된 것이다. 그리고 당위만을 내세우는 대신 해당 업무의 필요성을 그 팀원의 눈높이에 맞춰 친절히 설명했다면 어땠을까 하며 자신의 태도를 돌아보게 되었다고 한다.

다소 경직돼 보였던 그 회사의 문화에서 이런 피드백이 나왔다는 것이 조금 놀라웠다. 무엇이 그들의 감정과 관점을 바꿔 놓았을까?

내가 생각하는 변화의 요인은 자기 문제에 대해 '관람력'을 갖게 된 것이다.

관람력 : 내 문제의 관객이 되어보는 상상 능력

앞에서 이야기한 팀장은 강연극에서 배우들이 펼치는 상황 연극을 보며 거기에 자신의 현실 상황을 투영하게 되었고, 이를 통해 평소와는 다른 시각으로 자신을 바라보는 '자기 관람'을 하게 되었다. 그 결과, 평소에는 문제라고 인식하지 않았던 자신의 말과 행동이 타인에게 미치는 영향에 대해서 깨닫게 된 것이다.

자기 문제의 관객이 되어보는 역할 경험은 갈등 문제 당사자를 그 상황의 목격자로 만들어 준다.

강연극에서 하는 연극은 교육 대상인 직장인들이 실제로 겪고 있는 문제와 그들이 처한 상황과 입장이 어느 정도 반영된다. 하지만 이는 실제 상황을 그대로 재현하는 것이 아니라 연극적인 은유와 재미 요소를 더해 각색한 팩션(faction : fact(사실)와 fiction(허구)의 합성어로, 실제 사건이나 인물을 바탕으로 하되 허구적인 요소를 섞어 이야기를 전개하는 방식)에 가깝다. 여기에 현실에서는 불가능한 판타지와 배우들의 코믹한 과장 연기도 더해진다. 이런 요소들이 오히려 직장인 교육생들이 연극을 자신의 문제로 받아들이지 않도록 도와준다. 처음부터 자신의 입장과 비슷한 역할에 몰입하거나 갈등 인물의 입장에서 생각해 보라고 권하지 않는다.

가장 중요한 첫 번째 단계는 자신의 직장 내 역할에서 벗어나는 것이다. 그 자체로 제3자적 관점을 갖게 되기 때문이다.

실제에서는 심각한 갈등 문제도 연극, 영화, 드라마로 보면 흥미진진

한 재미 요소가 된다. 현실에서는 자신이 갈등의 당사자, 즉 배우 역할이기 때문에 다른 관점으로 그 상황을 바라볼 여유가 없지만 연극의 관객이 되면, 관람하는 일이 그 역할의 임무가 된다. 그 자체로 자신의 현실 역할에서 해방된다. 그렇게 심리적 여유가 생기면, 누가 강요하지 않아도 스스로 눈앞에 펼쳐진 연극 속의 인물들에게 자신을 투영하게 된다. '1관점'에서 '3관점'으로, 다시 '2관점'으로 자유롭게 전환하며 결국 역지사지의 관점을 갖게 되는 것이다. 그리고 다시 내 입장이 되었을 때는 이전과 다른 관점을 갖게 된다.

관람력을 키우는 목적은 단순히 공감을 많이 하기 위함이 아니다. 공감이 잘 안 될 때, 우리는 그것을 공감능력이 부족하다거나 결핍된 상태로 생각할 수 있다. 그러나 그 반대의 경우도 존재한다. 지나치게 타인을 의식하고, 이해하려고 애쓰다 보면 오히려 에너지가 고갈되는 경우도 있다. 이는 공감 결핍이 아니라 공감의 남용에서 오는 결과일 수 있다.

질 좋은 공감을 경험하는 것은 공감을 많이 하는 것과는 다르다. 진정한 공감은 내 선택으로 타인의 관점을 기꺼이 받아들이고 이해하려는 것이다.

공감의 양보다는 그 질을 우선으로 둔다면, 표현력과 연출력보다도 관람력에 더 많은 노력을 기울여야 한다. 타인의 관점을 진지하게 바라보고, 그 속에서 진정성을 느끼는 것이 중요하다.

1, 2, 3 관점 : '편파, 반전, 중립' 연극의 관객 되기

흔히 연극을 활용한 공감소통 교육이라고 하면, 교육생들이 직접 역할놀이나 연기를 해보는 '배우 역할 경험'을 떠올린다.

물론 그것도 맞다. 직접 타인의 입장이 되어보는 것은 가장 강력한 공감경험이 될 수도 있다.

하지만 강연극을 연출하는 나는, 직장인 교육생들에게 배우 역할을 권하기보다 '관객 역할'을 경험하도록 유도한다. 왜냐하면 아이러니하게도 직장인들의 공감능력이 떨어지는 주요 원인 중 하나가 직장 속에서 자신이 맡은 역할을 과도하게 연기하고 있기 때문이다.

내가 이와 같은 관점을 갖게 된 이유는, 나 역시 여러 회사를 다녀보았던 직장인이었기 때문이다. 물론 내가 했던 직장 업무는 강의와 HRD(Human Resource Development, 인적자원개발: 기업이나 조직에서 직원들의 역량을 개발하고 향상시키기 위한 프로그램과 활동)로서 그 업무 특성상 일반 직장인들에 비해 직원들의 입장에 서보는 상상과 경험을 의무적으로 해야 했다. 그럼에도 불구하고 조직에 속해 있는 직장인 역할, 즉 팀장이나 과장, 매니저 등의 역할을 맡게 되면 그 역할 속에 갇혀 시야가 좁아지는 순간이 많았다. 그러니 바쁜 업무에 시달리는 직장인들은 어떨까?

자신의 역할에서 잠시 벗어나면 충분히 다른 관점으로 상황을 바라볼 수 있지만 그럴 심리적 여유가 없다. 그 결과, 충분히 이해할 수 있는 동료나 타 부서의 입장조차 공감하지 못하고, 자신과 자신이 속한 부서의 입장만을 대변하는 경우가 많다.

누구나 같은 역할과 입장만 반복 경험하다 보면 자연스럽게 자신을 중심으로 하는 편파적인 관점을 갖게 된다. 그때 필요한 것이 '배우 경험'보다 내 입장에서 벗어나 제3자가 되어보는 '관객 경험'이다. 특히 내가 겪고 있는 갈등 상황의 당사자가 아닌 제3자의 입장에서 상황을 바라보는 경험이 필요하다.

1관점은 내 눈으로 상대와 상황을 보는 주관적 시점이며, 2관점은 상대의 눈으로 나와 상황을 보는 역지사지의 시점이다. 3관점은 마주한 상황에서 빠져나와 관객의 눈으로 나와 상대를 동시에 보는 관찰자 시점이다. 공감은 이 1, 2, 3의 관점을 번갈아 왔다 갔다 할 수 있는 상상을 통해 내 문제를 다른 관점으로 볼 수 있을 때 일어난다.

우리는 이렇게 마음만 먹으면 하나의 상황과 사람을 여러 관점으로 볼 수 있다. 때론 선입견을 내려놓고, 눈에 보이는 그대로 바라볼 때 공감이 된다. 3관점일 때 갖게 되는 공감능력이다.

반대로 표면적인 상황 뒤에 숨어 있는 맥락, 상대가 그렇게 할 수밖에 없었던 이유를 예측해 보는 상상을 할 때 일어나기도 한다. 이는 2관점일 때 갖게 되는 공감능력이다.

또 내가 보고 싶은 대로 눈앞에 상황을 의도적으로 왜곡해서 봐야 공감에 도움이 되는 경우도 있다. 바로 1관점일 때 갖게 되는 공감능력이다.

역할극, 연극에서는 하나의 상황을 여러 번 보게 하는 상황을 연출할 수 있지만 실제 상황에서는 거의 불가능에 가깝다. 실제 상황에서는 내가 겪었던 특정 상황을 떠올려보며, 그때 내가 어떤 관점에 서 있었는지 생각해 보고, 의식적으로 다른 관점으로 보고자 하는 상상을 해야 한다.

먼저 내 관점인 1관점에서 벗어나 3관점으로 상황을 보고, 2관점, 1관점으로 돌아와 보는 순서와 방식으로 관점 바꾸기 상상을 해보자.

3관점 : 있는 그대로 보려고 노력하는 관람력

세 개의 관점 모두 중요하지만 그럼에도 불구하고 공감을 위해 필요한 관점에 우선순위를 둔다면 단연코 3관점, 관객의 시점을 갖는 것이 먼저다.

영화나 책을 본다거나 여행을 갔을 때에는 자연스럽게 낯선 사람들과 접촉하게 되는 상황에 처하게 되므로 손쉽게 3관점으로 상황을 보는 관객이 된다. 이렇게 나의 일상에서 벗어났을 때는 쉽게 얻을 수 있는 관점이지만 일상 특히, 직장에서는 쉽게 잃게 되는 관점이 바로 3관점이다. 바쁘게 움직이는 현실 속에서 생활하다 보면, 우리는 의식적으로 이런 3관점을 경험해 보고, 반드시 연습해야 한다는 사실을 쉽게 잊는다.

뇌는 예측기계라고 하였다. 따라서 상황을 있는 그대로 보는 대신에 예측하고 추측한 시뮬레이션에 대입해서 본다. 이런 두뇌 작동을 고려했을 때, 이 관점은 의식적인 노력으로 만들어 내야 하는 관점이다. 말하기와 글쓰기로 비유하자면, 3관점은 글쓰기와 같다.

말은 미리 준비해서 할 때도 있지만, 대부분은 그냥 떠오르는 대로 말하게 된다. 그래서 종종 말실수를 하기도 한다. 그런데 똑같은 생각도 말이 아닌 글로 써서 전하고자 하면, 쓰고 지우는 과정을 반복하게 된다. 다 쓰고 난 후 퇴고라는 과정을 여러 번 거치기도 한다. 이런 과정을 통해 불필요한 말은 덜어내고, 하고 싶은 말을 더 명확하게 드러낼 수 있다.

3관점을 갖기 위해서는 이런 글쓰기와 같은 노력의 과정이 필요하다. 의외로 우리는 이 3관점을 갖기 위해 아무런 노력도 하고 있지 않는 경우가 많다.

실제 상황에서 이런 3관점을 갖기 위한 쉬운 방법 중 하나는, 잠시 화장실에 다녀오거나 밖으로 나가 그 상황에서 벗어나 보는 것이다. 하지만 그렇게 벗어나기 어려운 경우도 많기 때문에, 나중에 그 상황을 떠올리며 다음과 같은 연극의 관객이 되는 의식적 상상을 해야 한다.

'중립연극'의 관객이 되어보는 상상

1관점에서 2관점을 취하는 것보다는 1관점에서 3관점으로 넘어가는 상상을 한 다음, 2관점으로 이동하는 것이 좀 더 쉽다.

앞서 보았던 미화직원의 브레인 롤플레잉을 떠올려 보자! 그의 브레인 롤플레잉이 다른 브레인 롤플레잉과 가장 크게 다른 점은 무엇이었나? 바로 '무언극'처럼 보였다는 것이다.

타인의 문제가 아닌 내 문제를 이런 제3자의 입장으로 볼 필요가 있다. 먼저, 겉으로는 드러내지 못하고 오직 머릿속에서만 상대와 싸우는 시끄러운 브레인 롤플레잉의 볼륨을 줄여, '무언극'을 만드는 상상을 해

보자. 그다음, 그 무언극의 볼륨을 서서히 높이되, 지나치게 감정을 이입하지 않고, 마치 강 건너 불구경하듯 관망하는 상상을 해보는 것이다.

때론 '강 건너 불구경'의 마음이 필요해

공감을 위한 관점 바꾸기는 상대방과 입장을 바꿔보는 역지사지의 관점을 중요시 한다. 물론 공감은 '역시사지'가 제일 중요하다.

그러나 어떤 이에겐 3관점, 그 중에서도 미화직원의 입장처럼 전혀 이해관계가 없는 제3자의 입장으로 자기 문제를 바라볼 수 있는 관람 능력이 더 중요할 수 있다. 역지사지를 해보는 2관점 못지않게 일명 '강 건너 불구경'을 하는 자세로 관망하는 3관점이 필요할 때가 있다.

지나친 상황 몰입, 감정이입, 편파적 관점에서 벗어나 강 건너 불구경을 하듯 내가 겪고 있는 불통 문제를 바라보면, 미화직원의 눈에 비친 평화로운 상황이 당신에게도 펼쳐질 수 있다.

2관점 : 의식적으로 다르게 보려고 노력하는 관람력

2관점은 상대방의 뇌 속에서 펼쳐지는 연극을 상상해 봄으로써 얻을 수 있는 공감 보너스다. 같은 연극을 두 번 관람하는 셈이므로 그만큼 에너지가 많이 소모되는 일이다. 그래서 누군가에겐 이 노력 자체가 고통일 수 있다. 상대방의 모든 이면을 완벽히 볼 수 없기 때문에 어쩔 수 없이 2관점은 역지사지로 상상을 해봄으로써 얻을 수 있는 추측이다. 그래서 엉뚱한 상상을 해놓고는 자신이 타인의 입장에 서서 생각을 해봤다는 착각을 일으킬 수도 있다. 그래서 2관점은 심리적으로든 시간적으로든 여유가 있을 때 펼쳐지는 머릿속 상상 연극일지도 모른다.

앞에서 보여준 나 팀장의 브레인 롤플레잉에서 우리는 진짜 나 팀장이 아니기 때문에 나 팀장을 1관점으로 두고, 2관점인 안 대리 입장에서 펼쳐지는 연극을 관람함으로써 손쉽게 관점이 바뀌는 경험을 했다. 연극, 영화, 소설에서는 이런 마법과 같은 관점 바꾸기가 손쉽게 일어난다. 직접 경험과 달리 '상상'과 같은 간접 경험은 쉽게 이런 마법을 부릴 수 있다.

1관점에서 보던 상황을 2관점으로 바꿔 관람하면, 전혀 다른 연극이 펼쳐지기도 한다. 같은 상황이 전혀 다르게 보인다. 1관점에 있는 내가 2관점으로 상황을 추측해 보는 것, 이런 관점 바꾸기로 다른 사람을 이해하는 능력을 우리는 주로 공감이라고 부른다. 즉 편파 연극을 넘어 '반전연극'을 관람할 수 있을 때 공감이 일어난다고 할 수 있다.

'반전연극'의 관객이 되어보는 상상

"나를 공감해 줘!"라는 말을 들었다면, 그것은 "2관점을 가져 줘!"라는 말이다. 공감은 2관점으로 상황을 볼 수 있으면 비교적 쉬운 문제고, 그게 되지 않으면 어려운 문제가 된다.

연극의 묘미는 반전이다. 그래서 2관점을 취하는 것은 특히, 연극적인 것이다. '반전연극'의 관객이 되어보는 상상은 1관점보다 훨씬 더 의식적으로 해야 하는 행위다. 그래서 많은 에너지가 들어간다.

반전연극의 관객이 되는 상상은 상황에 대한 편파적 시각이 아닌 궁금증과 호기심의 시각을 갖게 할 수 있다. 편파 연극은 관객을 주인공의 편이 되도록 만드는 반면, 반전연극은 (늘 그렇다고 할 수는 없지만) 역지사지의 시점으로 상황을 재해석해서 보도록 하는 힘이 있다.

역지사지 시점은 의식적 노력 과정이자 훈련으로 길러야 하는 '능력치'라고 할 수 있다. 능력치는 타고날 수도 있지만 훈련과 학습으로 개발해 얻을 수 있는 힘이다. 지금 당신이 이 책을 읽는 것, 이를 통해 타인의 뇌를 의식적으로 관람해 보는 상상을 해보는 것도 그런 공감능력치를 얻기 위한 일종의 연습인 셈이다.

1관점 : 내가 선택한 것을 믿으려고 노력하는 관람력

1관점은 나 자신 혹은 내 편이라고 생각하는 사람의 입장에서 상황을 바라보는 편파적 관점이다. 누구나 특정 상황에서는 자신도 모르게 편파적인 시각을 갖게 된다. 내가 주인공인 1관점 브레인 롤플레잉에서, 나는 당연히 편파적일 수밖에 없다.

그렇다면 공감을 위해 굳이 1관점의 관객이 되어볼 필요가 있을까?

우리는 이미 자기 자신과 가까운 사람들의 문제를 너무나도 편파적으로 바라보거나, 반대로 자신을 철저히 배제하고 타인의 입장에서만 사고하는 경우도 많다. 후자의 경우, 정작 자신의 감정은 놓쳐버린 채 타인의 기준으로 자신의 말과 행동을 문제시 할 때가 있다.

이때는 1관점의 편파 연극을 관람해 보는 것이 자기 자신에 대한 공감능력을 기르는 것이라고 할 수 있다. 1관점을 편협한 관점이 아닌 '미시적 관점'이라고 보는 것이다. '편협한'이라는 단어는 부정적으로 인식되지만 이를 '미시적' 관점이라고 표현하면 다르게 볼 수 있다. 공감에서 거시적 관점이 중요하다고 했지만 가까이 들여다보는 미시적 관점이 없다면 거시적 관점 또한 쓸모가 없어진다.

예를 들어, '안 대리는 언뜻 봤을 땐 차가운 인상이었는데, 가까이 다가가서 보니 따뜻한 면도 많네.' 라고 생각하게 되는 것은 안 대리를 거시적으로도 보고, 미시적으로도 봤기 때문에 가능한 것이다.

편파적 브레인 롤플레잉의 배우 역할만 하는 게 아니라 1관점을 가진 관객으로 내 문제를 편파적 관점으로 바라보면, 나의 미세한 감정까지 이해하고 공감해 줄 수 있다. 때론 자기 자신을 이와 같은 관객의 시선으로 볼 필요가 있다. 내가 그때 왜 그런 선택했고, 왜 그런 감정일 수밖에 없었는지, 오롯이 내편으로 나를 챙기고 이해하는 과정도 필요하다.

'편파 연극'의 관객이 되어 보는 상상

공감은 타인을 이해하는 능력이지만, 타인을 이해하는 것도 내 뇌가 펼치는 일이기 때문에 공감의 주체는 나 자신이다. 그래서 자기 공감이 부족하면 타인 공감도 어려워진다. 이는 마치 먼지로 뿌옇게 더럽혀진 안경을 쓰고 세상을 바라보는 것과 같다.

1관점의 관객이 된다는 것은 이 안경을 닦는 과정과 같다. 내가 펼치는 편파 연극을 객관적으로 바라볼 때, 비로소 내 감정을 이해하고 타인에 대한 공감능력도 향상된다.

'내 브레인 롤플레잉은 1인칭 편파 연극이다!'

"당연하지! 내 뇌 연극에서 주인공은 나잖아! 그러니 편파적일 수밖에…."

다른 사람의 마음에 대해 공감하지 못한다거나 그래서 자신이 이기적인 인간이라고 느껴질 때, 우리는 의식적으로 이런 독백을 해볼 필요가 있다.

"나는 내 편일 수밖에 없어."

'이기적'이라는 말이 다소 부정적인 의미로 받아들여지기는 하지만, 사실 이기적이지 않은 인간은 없다. 그래서 솔직하게 자신이 이기적이라는 본질을 이해하고 받아들일 때, 우리는 더 이기적으로 변하는 것이 아니라 오히려 타인에 대해 공감할 수 있는 여유가 생긴다.

다른 사람으로부터 받는 공감뿐만 아니라 자신에게 해 주는 공감도 나의 에너지를 회복시킨다. 그 순간 브레인 롤플레잉의 배우에서 관객으로 쉽게 전환될 수 있다.

1, 2, 3관점 정리표

이번 장에서 알아본, 1, 2, 3관점들에 대해 정리를 해보면, 다음과 같다.

	1관점	2관점	3관점
개념	내 관점. 어떤 상황을 경험할 때 내가 처음으로 갖게 되 는 관점	상대방 관점. 같은 상황을 상대방의 입장으로 '다시보기'를 한 관점	제3자 관점. 제3자 입장에서 구경하 듯 상황을 바라볼 때 갖 게 되는 관점
연극적 상상	내가 만약 1관에 있다 라면?	내가 만약 2관에 있다 라면?	내가 만약 3관에 있다 라면?
브레인 롤플레잉 캐릭터	나 팀장 (1)	안 대리 (2)	미화직원 (3)
브레인 롤플레잉을 보 고 갖게 되는 시점	주인공의 시점	역지사지의 시점	관객의 시점
뇌에서 펼쳐지는 연극	편파 연극	반전연극	중립연극
관람력	내가 선택한 것을 믿고자 하는 노력	의식적으로 다르게 바라보려는 노력	있는 그대로 바라보려 는 노력
이런 브레인 플레잉을 순서대로 했을 때 갖게 되는 관점	1관점 내 관점	1+2관점 나와 상대방 관점	1+2+3관점 나와 상대방 그리고 제3자 관점

공감의 수준을 결정하는 최소관객 되기

만약 (관객보다 공연하는 배우가 더 많다) **라면?**

같은 공연이라고 해도 관객이 꽉 들어찬 무대에서 하는 공연과 딱 한
명의 관객밖에 없는 객석을 보면서 하는 공연은 분명 다를 것이다. 그런
데 공연 도중에 그 단 한 명의 관객조차 퇴장해 버린다면?

Q. 당신이 만약 (그 연극을 공연하는 배우 혹은 연출가) 라면?'

① 그럼에도 불구하고, 계속 공연을 한다.

② 공연을 중단한다.

두 개의 항목 중 하나만 선택해야 한다면, 당신은 몇 번을 선택할 것인가? ①을 선택했다면, 그럼에도 불구하고 최선을 다해서 공연하는 프로의식을 가진 멋진 배우일 수도 있다. 하지만 나는 관객 없이 하는 공연을 '과연 연극이라고 불러도 될까?' 라는 의문이 든다. 아무리 완벽한 연기를 펼친다고 해도 그것은 배우들끼리 하는 연습 혹은 리허설이 아닐까 싶다. 물론 자기만족 혹은 함께 하는 배우들 간의 만족과 감동을 느끼는 공연이라고 주장한다면, "아니에요. 그건 그래도 연습 혹은 리허설일 뿐이에요." 라고 반박하고 싶지는 않다.

여기서 다시 한 번 생각해 보자. 연극은 배우만의 예술이 아니라 배우와 관객이 상호작용으로 함께 완성해 가는 예술이다. 한두 번은 모르겠지만, 관객이 없는 공연을 계속하는 건 배우의 역할을 잃어버리게 만드는 일일지 모른다.

"대체 내가 왜 이 공연을 계속하고 있는 거지?"

공감이 뇌가 펼치는 연극이라고 한다면, 이와 비슷한 상황이 발생할 수 있다. 실제로 내 뇌 속에서 펼쳐지는 연극의 관객은 나밖에 없을 경우가 많다. 특히, 요즘처럼 일도 휴식도 혼자서 하는 사람들이 많은 세상에서는 더욱 그렇다.

내 뇌 연극을 공유할 사람이 없다면, 배우인 나는 어떤 연기를 하게 될까? 관객 없는 연극에서는 감정 표현이 극단적으로 흐르기 쉽다. 때로는 대충 무덤덤하게 흘려보내다가 때로는 지나치게 과격하게 감정을 표출할 수도 있다.

혹시 당신의 브레인 롤플레잉도 관객 없는 리허설만 계속하고 있는 건 아닌가?

'최소관객 : 내 뇌가 펼치는 연극을 의식적으로 관람하는 나'

좋은 소식은, 원래부터 내 뇌가 펼치는 연극의 관객은 단 한 명, 나 자신뿐이라는 것이다. 이 연극은 단 한 명의 최소관객이 기본값이다. 물론, 타인과의 직접 소통, 글쓰기, 말하기 등을 통해 내 연극이 외부와 공유될 수도 있다.

하지만 표면적으로 드러나지 않는 나의 모든 생각과 관점 그리고 그 안에서 펼쳐지는 브레인 롤플레잉을 완전히 공유할 수 있는 사람은 없다. 늘 '내가 나의 관객이다.' 라는 역할 의식을 할 필요는 없지만 내 뇌 속에서 과연 어떤 연극이 펼쳐지고 있는지 나 자신조차 봐 주지 않고, 이해해 주지도 않는다면, 누가 나를 공감해 줄 수 있을까?

관람력을 키운다는 것은 남이 아닌 내가 나의 관객이 되어 열렬히 나를 관람해 주는 일이다.

일상에서 당신의 관객은 고객일 수도 있고, 직장 동료나 상사 혹은 가족일 수도 있다. 하지만 자주 의식하지 못하는 진짜 관객은 '나 자신'이다. 언제 어디서나 나를 지켜볼 수밖에 없는 존재, 아무도 없어도 결코 내 곁을 떠나지 않는 존재, 그리고 내 뇌가 펼치는 연극을 유일하게 관람할 수 있는 존재가 바로 '나'다. 누구에게나 '나'라는 최소관객이 있다.

그런데, 당신은 그 최소관객을 제대로 예우하고 있는가? 인식하고 있는가?

공감을 표현하는 배우, 창조하는 작가와 연출가의 역할을 의식하기 전에, 먼저 관객의 역할에 충실하자. 결국 공연의 완성은 관객이다. 배우와 연출자가 아무리 훌륭한 작품이라고 자찬을 해봐야 관객이 외면하면 그 작품의 생명력은 오래가지 못한다. 결국, 관객이 보고, 함께할 때 비로소 연극은 완성된다.

연극은 관객을 위해 존재한다고 해도 과언이 아니다. 브레인 롤플레잉도 마찬가지다. 내 뇌 속 연극에 관객이 존재할 때, 즉 스스로의 브레인 롤플레잉을 바라보는 최소한의 관객이 되어 줄 때, 또 다른 나는 더 멋진 연기를 펼치는 배우로 자연스럽게 드러난다.

'요즘 내 뇌에서는 어떤 연극이 펼쳐지고 있지?'

공감을 위한 괄호 치기와 숨은 그림 찾기

한 남성이 자전거를 타고 가고 있을 때 갑자기 뒤에서 승용차가 나타나 들이받았다. 자전거 앞 바구니에 실려 있던 물건들이 공중으로 흩어져 내동댕이쳐지고, 남자는 바닥에 고꾸라졌다. 다행히 크게 다치진 않았는지 남자가 곧장 일어나 바닥에 흩어진 물건들을 황급히 주워 담고 있을 때, 여성 운전자가 차에서 내리더니 남성에게 소리를 지르며 화를 내기 시작했다. 그래도 분이 풀리지 않았는지, 망가진 자전거를 집어 들고는 세차게 바닥에 내리꽂기까지 했다.

미국에서 실제 일어난 사건이다. 뉴스를 통해 이 영상을 접하고 좀 의아했다. 누가 봐도 자전거를 들이받은 차량 운전자의 잘못이었기 때문이다. 적반하장이라는 말이 딱 들어맞는 상황이었다.

왜 차량 운전자는 사고를 내놓고, 적반하장으로 화를 냈을까?

이 문제의 정답을 맞히는 것은 쉽지 않다. 왜냐하면, 여성의 이런 행동은 사고를 낸 사람들이 일반적으로 보이는 반응이 아니기 때문이다. 그럼에도 불구하고, 운전자의 행동을 이해하고 공감하기 위해 잠시 그녀가 되어보는 역할 상상을 해보자.

공감을 위한 괄호 치기

당신의 역할 상상을 돕기 위해 그녀의 브레인 롤플레잉 경험대본에 있을 법한 대사를 다음과 같이 준비했다. 내가 준비한 저 대사의 빈 괄호를 당신이 채워야 한다. 그녀가 왜 저런 행동을 했는지, 그 이유를 채워보자.

운전자 : "왜냐하면 (   ) 때문에 나는 이렇게 할 수밖에 없었죠."

이 괄호 채우기는 내가 관람력을 높이기 위해 자주 사용하는 방법이다. 나는 종종 이해가 가지 않는 타인을 만난 후에는 위 예시와 같은 빈 괄호가 들어 있는 문장을 만들어 본다. '왜냐하면'이라는 단어 뒤에 괄호를 치고, 그 빈 공간을 한참 주시하는 일종의 관람 행위를 매우 의식적으로 하는 것이다. 대체 저 빈 공간에 무엇이 들어가야 '내가 그 사람의 말과 행동을 공감할 수 있을까?'를 아주 깊이 숙고하는 것이다.

'저 사람은 대체 나에게 왜 저러는 거지? 진짜 이해가 안 가네.
안 되겠다. 공감 괄호를 쳐봐야겠다!'

속으로 이런 혼잣말까지 곁들이며, 매우 진지하고 의식적으로 이와 같은 행위를 한다.

하지만 이런 '공감 괄호 치기'는 누구나 쉽게 실천할 수 있는 의식적 공감 행위이자 관람력을 키우는 혁신적인 방법임에도 불구하고, 좀 시시하게 느껴질 수도 있다. '이게 무슨 관람이야? 이게 무슨 공감 행위야?' 하는 생각이 들 수도 있다. 이는 마치 비싼 피트니스 센터에서 멋진 운동기구를 들어 올려야만 근육질 몸매가 만들어질 것이라는 착각과 비슷하다. 사실, 근육 만들기는 집에서 혼자 하는 맨손 운동으로도 충분하다. 앞서 공감은 인간에게 라면 끓이기만큼이나 쉬운 레시피라고 하지 않았던가.

공감 괄호 치기야말로 '라면 끓이기'와 같은 공감 연습 방법이다. 타인과의 공감 소통을 잘하기 위해서는 실전도 중요하지만, 연습과 훈련도 있어야 한다.

공감을 위한 연습문제는 객관식보다 주관식으로 풀어보려고 할 때 길러진다. 왜냐하면 뒤에 괄호 치기는 공감 문제를 쉽게 주관식으로 전환시키기 때문이다.

객관식 문제는 4~5개의 선택지 중 하나를 고르기만 하면 되므로, 답을 몰라도 쉽게 찍을 수 있다. 반면, 주관식 문제는 답을 모른다고 해도 질문을 다시 읽어보고, 출제자의 의도를 곰곰이 고민하게 만든다. 만약 저 문장을 제시하지 않았다면, 당신의 뇌는 저 상황을 객관식으로 풀어내려 했을지도 모른다.

Q. 저런 행동을 하는 사람은?
① 이상한 사람
② 정상적인 사람

뇌 입장에서는 ①번을 선택하면는 것이 쓸데없는 에너지 낭비를 줄일 수 있다. 그래서 이는 우리 뇌가 좋아하는 사고방식이다. 반면 공감 괄호 치기는 별거 아닌 것처럼 보일 수도 있지만, 문제 난이도에 따라 쓸데없이 많은 에너지를 소비해야 할 수도 있다. 공감의 문제를 푸는 쉬운 길을 놔두고, 험난한 길을 선택하는 격이다.

만약 당신이 저 괄호 안에 단 몇 글자라도 이유를 썼거나 말했다면, 그 과정 자체가 의도적으로 타인의 뇌를 경험하는 순간이 된다. 또한 문제의 정답을 진심으로 맞히고 싶어서 골몰했다면, 당신 뇌 속에 '만약 라면'의 심리화 시스템은 그 어느 때보다 활발하게 작동했을 것이다.

나는 당신이 저 괄호 속에 써넣거나 혹은 생각한 내용을 볼 수 없다.

그럼에도 불구하고, 그 내용이 정답이 아닐 가능성이 높다고 추측한다. 왜냐하면, 당신의 뇌는 당신의 경험대본을 바탕으로 빈 괄호 속의 대사를 써내려갔을 것이기 때문이다.

　타인을 이해할 때, 뇌는 자신의 경험을 바탕으로 타인에 대한 연극대본을 써내려간다. 앞에서 언급했던 '경험대본'을 말하는 것이다. 공감은 내가 과거에 겪은 경험과 비슷하면 쉽고, 다르면 어렵다. 당신의 뇌가 과거의 어떤 경험대본을 끌어와서 각색할지 모르겠지만 저 상황은 일반적으로 경험할 수 있는 상황이 아니기 때문에 그로 인해 오답을 쓸 가능성이 높다고 예측한 것이다.

맥락에 대한 이해 = 숨은 그림 찾기

"앞뒤 맥락 없이 다짜고짜 그렇게 말하면 어떡해?"
　우리는 타인을 오해했을 때, 종종 이런 말을 한다. 공감에 있어 맥락이 얼마나 중요한지 이미 알고 있는 것이다.
　이 자전거 교통사고를 보도하는 뉴스는 앞뒤 맥락 없이, 연극의 클라이맥스에 해당하는 충돌사고 장면부터 보여 주었는데, 일반적인 뉴스는 이런 방식으로 편집하지 않는다. 세계의 별난 이슈들을 재미있게 다루는 뉴스 속 작은 코너였기 때문에 이런 드라마틱한 구성을 연출한 듯하다.
　'차량 운전자인 여성은 마트 직원, 자전거 남성은 물건을 훔쳐 달아나

던 절도 용의자.'

이런 한 문장이 추가되면, 우리는 저 여성 운전자가 왜 저런 행동을 했는지 이해할 수 있을 것이다. 그럼에도 불구하고, 저런 과격한 행동은 해서는 안 될 일이지만 말이다.

실제로 이 영상이 SNS에 퍼지자 많은 누리꾼들은 "좀도둑을 잡은 저 마트 직원을 승진시켜 주자." 라는 반응과 "그래도 차로 사람을 치는 것은 살인 행위다." 라는 엇갈린 반응을 보이며 갑론을박을 벌였다.

"승진시키자." VS "살인행위다."

참고로, 이 두 개의 반응은 같은 상황을 보고도 다른 공감 시스템이 활성화된 결과다. 마트 직원을 "승진 시키자." 라는 반응을 보인 사람은 여성 운전자에게 거울 시스템이 활성화되어 그녀에게 정서적 공감이 일어났을 가능성이 크다. 반면 아무리 그래도 차로 사람을 친 건 "살인 행위다." 라는 반응을 보인 사람들은 어느 한 쪽에 치우치기보다 3관점을 유지하며 심리화 시스템이 활성화 되어 인지적 공감이 일어날 가능성이 크다.

직장 내 불신과 불통 문제는 저 자전거 사고 영상의 상황과 크게 다르지 않다. 이해하기 힘든 행동을 하는 상사와 동료들은 정말 그 사람이 이상한 사람일 수 있지만 그렇지 않을 수도 있다.

앞에서 언급했던 '타인 역할 주사위 단면' 이미지를 기억하는가?
우리가 알고 있는 타인의 모습은 여섯 개의 면으로 이루어진 주사위의 한 단면일 수 있다는 말을 기억하는가?

저 자전거 사고 영상은 사건을 시간 순서대로 보여주지 않고, 충돌 장면을 먼저 보여줬다. 주사위의 한 단면만 보여준 것이다. 그래서 앞뒤 맥락을 모르는 시청자들은 다짜고짜 화부터 내는 저 여성 운전자에 공감하기보다는 이상한 사람으로 볼 수밖에 없다.

직장에서도 그렇다. 대리의 눈에 비친 팀장의 행동이 이상할 때가 많은 건 지극히 정상적인 것이다. 대리의 위치에서 보이는 팀장이라는 '역할 주사위 단면'은 많아봤자 한 개 혹은 세 개뿐이다. 팀장이 본부장과 있을 때, 심지어 가족들과 있을 때 어떤 상황에 있는지, 어떤 단면인지, 대리의 위치에서는 볼 수 없기 때문이다.

반대로 팀장 위치에서 보이는 대리라는 '역할 주사위 단면' 역시 한 개 혹은 세 개뿐이다.

공감을 위해 필요한 건 표면에 드러나지 않은 타인의 주사위 단면에 '숨은 그림'이 무엇인지에 대한 호기심이다. 특히 이해하기 힘든 타인의 숨은 그림을 찾아보려는 노력과 호기심이 중요하다. 그때 다음과 같은 역할 상상을 하면 좋다.

나는 '술래'다

타인의 뇌가 펼치는 연극에 술래 역할을 맡아본다. '왜 저래?' 대신 꼭꼭 숨겨져 있는 타인의 맥락을 찾는 술래가 되는 것이다. 술래가 되어

할 일은 괄호 치기다.

(   )

상대가 왜 그런 행동을 하는지 표면적 행동 뒤에 숨겨진 맥락을 찾아내는 '과정' 그 자체를 즐기는 술래, 생략된 괄호 속의 이야기를 찾으려고 노력하는 술래가 되는 것이다. 그런 술래가 되기 위해 또 하나의 괄호를 쳐야 한다.

(   )

이 괄호는 나에게 빈 공간을 선물하는 의식적 행위를 하라는 말이다. 이 행위 역시 내가 실제로 하는 행위다. 만약 A4 용지 한 장에 앞서 했던 "왜냐하면 (   ) 때문에 나는 이렇게 할 수밖에 없었죠." 라는 문장을 적는다면, 반드시 그 종이를 반으로 접어 한 쪽에 쓴다. 그리고 내가 쓴 만큼의 공간을 빈 공간으로 남겨둔다. 이것은 내가 내 마음에 '여지를 준다'는 것을 내 뇌에게 알려주기 위해 가시화한 행위다. 이 빈 공간은 이런 저런 타인의 마음을 헤아리느라 애쓰다 '공감 과로' 상태에 빠진 내 마음을 위한 여유 공간을 확보하는 다른 방식의 괄호 치기다. 마음에 여유가 없다는 건 느낌일 뿐이다.

느낌은 인식일 뿐 사실이 아니다.

그럼에도 불구하고 그런 느낌이 들면, 다양한 역할 상상을 할 수 없어 타인을 공감하기 어렵다. 내 마음에 여유 공간이 없다는 느낌은 우리를 쉽게 공감 불능 상태로 만든다. 동시간대에 한 무대에서 여러 공연을 펼칠 수 없듯, 마음의 빈 공간이 있어야 다른 브레인 롤플레잉을 펼쳐볼 수 있다. 내 마음에 의식적으로 괄호를 만들고, 타인의 '숨은 맥락'을 찾아 관람하는 것, 내 마음에 여유 공간을 만들기 위한 의식적 괄호 치기는 브레인 롤플레잉을 관람하는 것을 넘어 연출하는 것이다. 바로 2부에서 알아볼 '연출력'에 관한 것이다.

지금 '공감 과로' 상태인가?
'공감 괄호'를 쳐볼 수 있는 상태인가?

전자의 가능성이 매우 높다. 이 책은 계속 당신에게 '만약 라면'의 질문을 던지며, 끊임없이 타인의 뇌를 경험하도록 권했기 때문이다. 따라서 바로 다음 페이지로 넘어가기보다 과로한 당신의 뇌를 배려해 쉬는 시간, 즉 인터 미션을 가지길 바란다. 이는 타인이 아닌, 바로 나 자신에게 '공감 괄호 치기'를 선물하는 시간이다.

CHAPTER 2
공감 시스템

공감은 시스템이다

쫄면 안 되는 시스템

"아, 쫄린다."

(`쫄았다`는 말은 떨리거나 두렵다는 의미를 가진 속어지만 여기서는 `쫄면`이라는 용어를 사용하고자 하므로, 그 의미를 가장 잘 표현하는 단어 그대로 쓴다.)

TV에서 동물 다큐멘터리를 볼 때, 가끔 이런 '쫄린다'는 감정을 느낀다. 특히 아프리카 초원에서 사슴과 사자가 가까운 거리에서 대치하는 장면을 보면 더욱 그렇다. 나는 사슴도 사자도 아닌데, 이런 장면을 보면 괜히 긴장이 된다. 속된 말로 쫄린다. 왜 이런 감정 상태가 되는 걸까?

앞에서 언급한 '라면'의 상태가 되었기 때문이다. 라면 먹을 생각이 없던 내 언니가 내가 라면을 먹는 모습을 보자 갑자기 먹고 싶어 했던 이야기를 기억하는가?

내가 쫄린 마음 상태가 된 것도 이와 동일한 두뇌 작동 원리다. 저 상황을 본 내 뇌 속에 거울 시스템이 활성화 되면서, 그들의 입장이 된 듯

한 기분이 든 것이다.[5]

보통 저런 장면을 보고 쫄리는 기분이 드는 건, 잡아먹히는 사슴의 입장에 감정이입을 하기 때문이라고 생각할 수 있다.

그러나 사자에게 감정이입을 해도 마찬가지다. 사자 역시 사냥에 실패하면 자신은 물론 새끼들까지 굶어 죽을 수밖에 없는 생존의 위기에 놓여 있기 때문이다. 실제로 나는 사슴보다 사자에게 더 감정이입이 될 때가 많다. 이는 '먹는 라면' 거울 시스템과는 약간 다른 '만약 라면' 심리화 시스템이 활성화된 결과다.

단순히 내가 본 대상의 감정을 함께 느끼는 정서적 공감만이 아니라 '내가 만약 저 사자라면? 저 사냥에 실패하면? 그 후에는…'과 같은 역할 상상을 통해 사자의 심정을 헤아리는 인지적 공감까지 포함된 공감 모드다. 그렇게 된 건 내가 사슴보다 사자가 주인공인 다큐멘터리를 더 많이 봐서인지도 모른다. 내 뇌에 '사자 경험대본'이 더 많다면, 저와 같은 편파 연극이 펼쳐질 수 있다.

공감과 관련된 두뇌 작동 메커니즘

공감과 관련된 두뇌 작동 메커니즘을 알게 되면 내가 왜 이런 반응을 보이는지, 타인이 왜 저런 말과 행동을 하는지 구체적으로 세밀하게 설명할 수 있다. 이 책은 여기에 연극적 재해석을 곁들여, 뇌가 펼치는 연

---

5. 크리스티안 케이서스, 『인간은 어떻게 서로를 공감하는가』 (2018), 12쪽.

극을 의식적으로 변화시키는 공감연출을 한다.

1부에서는 공감이 연극적 능력임을 다뤘다면, 2부에서는 이에 더해 두뇌공감 시스템의 작동 원리를 활용한 의식적 브레인 롤플레잉 연출 방법을 다룬다.

본격적인 내용에 들어가기에 앞서 한 가지 기억해야 할 점은, "공감은 시스템이다." 라는 말이 곧 "공감 시스템을 활성화시키는 것이 공감을 잘하는 것이다." 라는 의미로 오해되어서는 안 된다는 것이다.

공감은 두뇌 시스템의 작동을 통한 타인을 이해하는 마음 읽기(Mind Reading)와 헤아리기(Mentalization)뿐만 아니라 정서적 일치(Affect Matching)로 타인의 심정을 느끼고, 타인에게 이로운 행동을 하는 공감적 동기(Empathic Motivation)까지 포함되는 매우 복합적이고 복잡한 심리 과정이다. 그 안에 공감 시스템의 역할은 때때로 공감의 시동 버튼을 누르는 정도에 지나지 않을 수도 있다.[6]

뇌 속에 공감을 일으키는 시스템이 탑재되어 있다고 해도 그 활성화가 곧 이로운 공감 행위로 이어지는 것은 아니다. 오히려 이 시스템이 과도하게 활성화되면, 감정 에너지가 소진되고, 타인을 지나치게 의식하거나 과도한 관심을 쏟게 될 수도 있다. 그 결과 타인에게 선 넘는 간섭 행동을 서슴없이 하게 될 위험도 있다.

시동 버튼 하나를 눌렀다고 해서 자동차가 목적지에 안전하게 도착할

---

6. 매튜 D. 리버먼, 『사회적 뇌』 (2020), 229쪽.

수 없는 것처럼 공감을 잘한다는 것은 단순히 시동을 거는 것이 아니라 운전을 능숙하게 하는 것을 의미한다. 그럼에도 불구하고 "공감은 시스템이다." 라고 말하는 이유는 이런 시스템이 뇌 속에 없다면 공감 자체가 일어날 수 없기 때문이다.

이처럼 두뇌의 작동 원리를 이해하면 나와 타인에 대해 더 쉽게 이해하고 공감할 수 있다. 하지만 전문가가 아닌 이상 뇌 과학은 일반인들에게 낯설고 어렵게 느껴진다. 아무리 공부해도 머릿속에 쉽게 그려지지 않아 실제로 적용하기 어려운 경우가 많다. 나 역시 그랬다. 그럴 때마다 나는 스스로에게 이런저런 질문을 던지며, 뇌 과학을 다른 각도로 접근하려 애썼다.

'이 시스템과 나는 어떤 관계일까?'
'어떤 관계 설정을 해야 쉽게 활용할 수 있을까?'

"나는 이 시스템을 만들어야 하는 개발자도 아니고,
시스템을 고쳐야 하는 엔지니어도 아니잖아!
이미 갖춰진 시스템을 잘 사용하기만 하면 되는
'사용자', '고객'이잖아!"

나는 이렇게 혼잣말을 주고받으며, 이 시스템과 인간의 역할 관계를 재정립해 보았다. 우리는 이 공감 시스템을 비행기나 열차처럼 복잡하게 조종하기보다는 집에 있는 세탁기나 청소기처럼 손쉽게 다룰 수 있어야 한다. 비행기나 열차는 자격증이 있어야 핸들링을 할 수 있는 것이 아닌가?

이 시스템은 집에 있는 가전제품처럼 설명서를 보지 않아도 쉽게 작동시킬 수 있는 시스템으로 취급해야 한다. 바로 우리가 잘할 수 있는 '언어 바꾸기'를 통해 뇌가 더 쉽게 연상할 수 있도록 연출해야 한다.

쫄면 안 된다고!

'공감은 **라면** 되고, **쫄면** 안 된다.'

공감 시스템의 작동 방식을 딱 한 문장으로 쉽게 표현한 말이다. 실제로 이 시스템은 이렇게 작동된다. 이미 1장에서 '먹는 라면'과 '만약 라면'을 통해 이 시스템이 어떻게 활성화되는지 설명했다. 특히 '만약 라면'의 질문들은 중간 중간 계속 등장했었고, 이 책의 마지막까지 나올것이다. 그리고 이제 처음 등장한 '쫄면'이라는 용어는 이 시스템이 제대로 활성화되지 않는 상태를 나타내며, 시스템의 치명적인 결함을 설명하는 용어이다

눈치를 챘겠지만, '쫄면'은 먹는 쫄면이 아니다. 앞서 언급했던 쫄리는 상태, 즉 조마조마한 감정 상태를 재미있게 표현한 것이다. 두려움, 공포, 불안, 슬픔, 무기력, 분노, 짜증 등의 여러 감정들을 '쫄면'이라는 하나의 명칭으로 간결하게 통칭한 것이다.

흔히 저런 감정들은 부정적인 감정으로 분류된다. 에너지가 떨어지고 힘들 때 느껴지는 감정이기 때문이다. 갈등 상황, 과도한 업무에 둘러싸

여 있을 때, 스트레스가 많을 때, 위기 상황일 때, 주의가 산만할 때, 인지적 과부하 상태 등에서 우리는 쉽게 쫄면 상태에 빠진다. 그러면 상황과 상대에 맞는 적합한 역할놀이 사고가 일어나지 않는다.[7] 심리화 시스템이 비활성화 될 뿐만 아니라 거울 시스템까지도 위축된다. 그래서 타인을 공감하는 게 고통으로 느껴진다.

왜 쫄면 상태에서는 공감 시스템 특히, 심리화 시스템이 활성화 되지 않을까?

이러한 두뇌 작동 원리를 이해하기 위해 아이러니하게도 다음과 같은 '만약 라면'의 역할놀이 사고를 펼쳐보자.

만약 (내가 아프리카 초원의 사슴이) **라면?**

당신은 지금 아프리카 초원 위에서 한참 풀을 뜯는 사슴이다. 갑자기 싸한 기분이 든다. 살짝 고개를 들어 전방을 바라보니 사자로 추정되는 동물의 날카로운 눈과 마주친다. 그때 사슴인 당신은 어떤 행동을 해야 할까?

'가만 있어봐. 저게 사자가 맞을까?

내가 만약 사자라면?

오른쪽으로 도망.ㅊ. ㅣ ㅁ…. 윽'

---

7. 『사회적 뇌』 224쪽.

붉은 피가 뚝뚝 떨어진다. 사자에게 목덜미를 물린 당신의 피다. 예측대로, 그것은 사자였다. 그러나 사슴인 당신이 저 역할놀이 사고를 하는 찰나에 사자는 이미 돌진해 당신의 목덜미를 물었다. 저 상황에서 하필 '만약 라면'의 심리화 시스템을 활성화시킨 바람에, 당신은 비극적 결말의 주인공이 된 것이다. 다행인 것은 당신이 사람이고, 브레인 롤플레잉을 펼쳐본 것일 뿐 진짜 사슴이 아니라는 것이다. 또한 진짜 사슴은 저런 상황에서 도망치다 죽을지언정 심리화 시스템을 활성화시켜 죽는 일은 없다는 것이다.

'만약 ~라면'

이 간단한 가정 질문만으로 인간인 우리는 앉은 자리에서 순식간에 아프리카 초원으로 순간이동을 할 수 있다. 사슴으로 변신해 사자에게 목덜미를 물려 죽음을 맞이하는 말도 안 되는 경험도 가능하다. 물론 이건 상상이다. 상상은 내 머릿속에서 진짜로 일어나야만 맛볼 수 있는 가상 경험이다.

지금까지의 연구에 따르면, 동물에게서는 심리화 시스템이 발견되지 않았다고 한다.[8] 즉 이 시스템은 '인간만의 공감능력'인 셈이다.

왜 그럴까? 어쩌면 동물 세계에서 이 시스템이 생존에 크게 도움이 되지 않아서 그럴 수 있다. 왜냐하면, 위와 같은 상황에서 사슴은 역할놀이 사고를 하기보다는 그냥 죽을힘을 다해 도망치는 것이 생존 확률을 높이기 때문이다. 하지만 동물들은 그렇다고 해도 매일 직장생활을 해야

---

8. 매튜 D. 리버먼, 『사회적 뇌』(2020), 226쪽.

하고 사회적 활동을 해야만 하는 우리 인간에게는 이 시스템의 작동과 핸들링이 중요하다.

왜 나를 못 잡아먹어서 안달이야?

인간은 서로를 잡아먹지 않는다. 그럼에도 직장생활을 하다보면 함께 일하는 상사나 동료가 마치 초원을 어슬렁거리는 사자처럼 느껴질 때가 있다. 그리고 그런 느낌이 들 때면 속으로 "저 인간은 왜 나를 못 잡아먹어서 안달이야?"라는 혼잣말이 나오기도 한다. 분명 속으로 혼자 한 말인데도, 그 대사가 환청처럼 생생하게 들린다면 당사자에게 그것은 뇌 연극이 아닌 현실 그 자체가 될 수도 있다.

그런 브레인 롤플레잉이 펼쳐지면 인간은 사자에게 사냥을 당하는 사슴처럼 살이 찢겨 피를 흘리는 듯한 고통을 진짜로 느낄 수도 있다. '저 사람은 나를 싫어해!'라는 인식이 저런 역할 상상을 하게 만들고, 그것이 인간에게 사회적 고통을 불러오기도 한다. 그리고 뇌의 입장에서 사회적 고통은 신체적 고통과 활성화되는 뇌 부위가 중첩되기 때문에 진짜 고통을 느낄 수 있다.[9] (신체적 고통과 사회적 고통을 처리할 때 활성화되는 대표적인 뇌 영역은 배측 전대상피질(Dorsal Anterior Cingulate Cortex, dACC)과 전측 섬엽(Anterior Insula, AI)이다.) 그러면 당신은 분명 사슴이 아니고, 앞에 있는 동료는 사자가 아니며, 사무실은 아프리카 초원이나 정글이 아님에도, 당신은 사자에게 물어뜯기는 사슴 신세가 되고 만다.

---

9. 『사회적 뇌』 16쪽.

'이건 현실이 아닌 내 머릿속 연극의 초원이라는 무대구나!'

'나는 사슴의 탈, 저 사람은 사자탈을 썼네!'

'공연이 끝났으니 벗어나야겠다.'

속으로 이런 혼잣말을 하며, 그 상상연극에서 가볍게 빠져나오면 된다. 그런데 사슴이 된 느낌이 든다는 건, 지금 쫄면 상태라는 것이다. 그래서 심리화 시스템이 내 마음대로 핸들링 되지 않을 수 있다. 그래서 저런 공감조절을 위한 혼잣말을 하기보다는 오직 생존만을 위해 반응하는 '진짜 사슴 모드'가 된다. 특히 직장인들은 정글처럼 느껴지는 직장에서 상사와 후배, 동료들을 챙겨야 하고, 고객을 응대하며 공감해야만 하는 상황에 놓인다. 아무리 뇌 속에 공감신경 시스템이 세팅되어 있어도 그것이 잘 활성화 되지 않는 환경에 놓여 있다면, 타인을 공감하는 행위는 행복이 아닌 고통이 된다.

나의 사자와 사슴은 뭐지?

보통 우리는 강자라고 느끼는 사람 앞에서는 사슴이 되고, 약자라고 느끼는 사람 앞에서는 사자로 변신한다. 사자와 사슴이라고 했을 때, 꼭 사람을 의미하는 것만은 아니다. 돈, 외모, 콤플렉스, 학벌, 건강 등 생각만 하면 나를 쫄면 상태로 만드는 것, 그것이 우리의 사자다. 공감을 잘 조절하기 위해서는 먼저 자신에게서 사자 그리고 사슴은 무엇인지를 찾아내 그것을 알아차려야 한다.

거울 시스템은 '먹는 라면', 심리화 시스템은 '만약 라면', 두려움과 불안 등의 스트레스 상태는 '쫄면'으로 쉽게 개념화, 문장화 해보자.

"내가 ○○이라는 사자 때문에 지금 쫄면 상태구나.
그래서 공감 시스템이 잘 작동되지 않는구나."

이와 같이 별것 아닌 혼잣말(언어화)이 지나치게 타인을 의식해 과도한 공감을 하게 되는 이유와 공감이 잘 되지 않는 이유를 쉽게 알아차릴 수 있게 해 준다. 우리는 이런 시스템 때문에 때로 타인에게 지나치게 공감하기도 하고, 때로는 전혀 공감하지 못하기도 한다.

그래서 공감은 시스템이다.

타인의 뇌를 자동 복사하는 거울 시스템

자동화 시스템

거울 시스템의 작동 방식을 한마디로 표현하면, '자동화'다. 물론 의식적인 상상이나 시각적 선택을 통해 의도적으로 활성화할 수도 있지만, 대부분의 경우 거의 자동으로 활성화된다. 따라서 이 시스템은 '자동화'로 분류하여 개념화 하고자 한다.

주변을 둘러보면 자동으로 작동하는 기계나 장치들이 많다. 이 시스템들의 장점과 단점을 떠올려 보면, 거울 시스템의 장단점도 쉽게 이해할 수 있다. 여러 자동화 시스템 중 거울 시스템과 가장 닮은 장치를 꼽으라면, 단연코 '자동문'과 '복사기'를 들 수 있다. 당신이 출근하는 직장의 건물 로비에 자동문이 있을 수도 있다. 직장이 아니더라도 쇼핑몰이나 도서관, 어디에서든 자동문을 쉽게 만날 수 있을 것이다. 이제 그런 자동문을 만날 때마다 당신은 '거울 시스템'을 떠올릴지도 모른다. 왜냐하면, 내가 만든 다음과 같은 공식을 이미 눈으로 봤기 때문이다.

'먹는 라면 = 거울 시스템 = 자동문 + 복사기'

거울 시스템의 작동 방식은 마치 자동문과 복사기를 합쳐놓은 것과 같다. 누구든 가까이 다가오기만 하면 이를 감지해 활짝 열리는 자동문처럼 거울 시스템도 누군가 눈앞에 있으면 자동으로 활성화된다.

자동문은 보통 직장 사옥이나 큰 건물의 1층 로비로 통하는 곳에 있다. 이 자동문의 가장 큰 특징은 사람을 차별하지 않는다는 것이다. 그래서 그 건물에 있는 회사 직원이 아니더라도 누구나 1층 로비를 자유롭게 출입할 수 있다.

그렇다면, 복사기의 작동 방식은 어떤가? 복사기에 올려놓은 종이의 내용과 이미지가 그대로 복사된다. 컬러 복사기도 있고, 요즘에는 3D 복사기도 있어 입체적인 물체의 모양을 복사하여 똑같이 만들어 내기도 한다. 이런 자동문과 복사기의 작동 특성을 모두 갖춘 것이 거울 시스템이다.

내 눈앞에 있는 사람과 상황에 반응해 그 사람의 표정, 몸짓, 말투, 감정까지 복사기처럼 그대로 반영하고 반응한다. 행동을 할 때 활성화되는 상대의 뇌 부위와 그것을 본 내 뇌의 활성화 부위가 같다. 그래서 비슷한 감정을 느끼며 동화된다. 그야말로 타인의 뇌를 자동으로 복사하는 것이다.

이런 작동 방식 덕분에 우리는 타인을 이해하고 공감하는 데 어마어마한 혜택을 받는다. 이 시스템 덕분에 구구절절 말로 설명을 듣지 않고 그냥 보는 것만으로도 상대의 감정과 심정을 즉시 느끼고 이해해 공감모드로 전환된다. 순식간에 타인의 감정과 관점을 공감할 수 있으며, 난생처음 만난 사람에게도 통한다는 기분을 느낄 수 있다. 특히, 자동으로 작동한다는 것의 가장 큰 장점은 이 시스템의 작동 방법을 따로 배울 필요가 없다는 점이다. 그냥 자동으로 공감능력을 갖게 되는 것이다. 배우지 않아도, 훈련하지 않아도 보는 순간, 듣는 순간, 상상하는 순간 즉시 공감이 된다니 이는 일종의 '초능력'이라고도 할 수 있다.

'공감이 정말로 라면 끓이기만큼이나 쉬운 능력이 된다.'

하지만 이런 능력이 과연 장점만 될까? 내 의지와 관계없이 자동문이 열리듯 작동된다면, 그로 인해 겪게 될 불편은 무엇일까?

'만약 (내가 있는 욕실이나 화장실 문이 자동문처럼 열린다) 라면?'

이런 공포스러운 '만약 라면' 상상을 해보면, 거울 시스템도 비슷한 상황을 초래할 수 있다는 예측이 가능하다. 실제로 타인에게 감추고 싶은 상태나 감정이 있을 수 있는데, 그것이 표정이나 행동, 말투로 드러나면, 이를 복사한 타인은 내가 숨기려던 그것을 고스란히 느낄 수 있다. 심지어 내가 상대를 싫어한다는 감정까지도 상대가 알아차릴 수 있고, 그와 나는 매일 함께 점심을 먹어야 하는 가까운 동료라면, 사회생활이 고통이 될 수도 있다.

이렇게 자동화된 시스템은 종종 우리를 그 상황에 종속시킬 수 있다. 내 행동의 주체가 내가 아니라 그 시스템이 되어버릴 수 있다는 것이다. 하지만 아이러니하게도, 이런 시스템의 작동 방식 때문에 우리는 본의 아니게 서로에게 크고 작은 영향을 주고받는 리더가 된다.

'본의 아닌' 리더 되기

흔히, 리더십을 발휘하려면 많은 준비와 노력이 필요하다고 생각하기 쉽다. 실제로 직장인들은 어느 정도 직급에 오르고 나서야 비로소 자신의 리더십을 고민하기 시작한다. 직급이 낮은 경우, 자신이 리더십을 발휘한다고 느껴지지 않아서 그에 대한 생각조차 하지 않는 경우도 많다.

그러나 지금까지 설명한 거울 시스템의 작동 방식을 고려하면, 리더십은 누구나 숨 쉬듯 자연스럽게 발휘하는 공기와 같은 일상적인 행동일 뿐이다. 왜냐하면, 리더십은 곧 영향력이기 때문이다.

리더십은 업무와 인간관계에서 개인과 집단의 목표 달성을 성취하고 유도하는 능력이다. 이를 더 간결하게 표현하면 '이끄는 능력'이고, 단한 단어로 표현하자면 '영향력'이다.

누군가를 이끌려면 반드시 그에게 어떠한 영향을 미쳐야 한다. 그래서 리더십은 곧 영향력이다. 거울 시스템의 작동 원리를 고려하면, 인간인 우리는 누구나 타인에게 영향을 주는 존재가 된다. 흔히 말하는 "나는 리더십이 없어." "쟤는 리더십이 없어." 라는 말은 "영향력이 적다"는 뜻이지, "전혀 없다"는 뜻이 될 수 없다.

이 시스템 때문에 리더십은 강할 수도, 미약할 수도 있지만 완전히 없는 사람이 될 수는 없다. 리더십은 선택이 아닌 필수로, 특별한 사람이 특별한 상황에서 발휘하는 능력이 아니라 모든 사람들이 본의 아니게, 무심코 발휘하는 자동적 능력이다. 그래서 우리는 팀장이 되고, 본부장이 되고, 어느 정도 준비가 된 상태에서 리더십을 발휘하는 것이 아니라는 사실을 빨리 깨달아야 한다. 이미 나는 누군가의 리더임을 자각해야 한다.

'난 영향을 주고 싶지 않은데'
'나한테 신경 쓰지 말고 일해!'

거울 시스템의 작동 방식을 이해하고 있다면, 해서는 안 될 말이다. 신경을 꺼달라고 말하는 대신, 내 말과 행동이 자주 보는 그 사람에게 어떤 영향을 미치고 있는지 의식적으로 관람을 해봐야 한다. 자주 보는 그 사람의 말과 행동이 나에게 어떤 영향을 미치는지도 챙겨봐야 한다. 이 시스템 덕분에 리더십은 우리에게 선택이 아니라 의무가 되었다.

타인의 뇌를 의식적으로 경험하는 심리화 시스템

핸들링 시스템

심리화 시스템의 작동 방식을 한마디로 표현하면 '핸들링'이라고 할 수 있다. 거울 시스템이 자동적으로 작동하는 반면, 심리화 시스템은 의식적으로도 작동시킬 수 있다는 뜻이다.[10] 이는 앞에서 밝힌 것처럼 거울 시스템과 비교해 그렇다는 것이지, 완전히 마음대로 조절할 수 있다는 의미는 아니다. 이러한 극단적 구분은 두 시스템의 차이를 보다 명확하게 이해하기 위한 것이다. 자동차를 운전하려면 시동 버튼을 누르거나 핸들을 돌리고, 브레이크나 액셀을 밟는 행위가 필요하듯이 이 '핸들링 시스템'은 언어라는 작동 버튼을 가진다. 이 버튼이 눌리면, 이후 과정은 자동으로 활성화된다. 심리화 시스템은 복잡한 핸들링이 아니라 몇 개의 버튼만으로 쉽게 작동하는 가전제품과 유사한 방식이다.

만약 라면 = 심리화 시스템 = "열려라 참깨!" 매직 워드

특정 언어를 사용하면 심리화 시스템이 활성화된다. 그 첫 번째 언어가 앞에서부터 계속 사용해온 '만약 ~라면', 그리고 그 다음에 이어지는 '왜냐하면'이다. 이 언어 버튼을 누르는 행위는 마치 동화 속 마법 주문을 외우는 것과 같다. '알리바바와 40인의 도둑' 이야기에서 등장하는 그 마법 주문을 기억하는가?

---

10. 『사회적 공감』 191.

"열려라 참깨!"

주인공 알리바바는 우연히 산속에서 도둑들이 저 주문으로 보물로 가
득한 동굴 문을 여는 것을 목격한다. 그리고 도둑들이 떠나고 난 뒤 같
은 주문을 외워 동굴 문을 열고 보물을 갖게 된다는 이야기다.

그런데, 만약 그 마법 주문이 다음과 같았다면 어땠을까?

"얍살라 말라카라 데라본세 일레리라 드로카 브르게스타"

쉽게 그 문을 열지 못했을 것이다. 여기서의 핵심은 주문이 아무리
쉬워도 입으로 그 주문을 말하지 않으면, 마법이 일어나지 않는다는
것이다.

① 열려라 참깨 마법 질문 : "(그 사람은) 왜 그랬을까?"
② 열려라 참깨 마법 질문 : "(내가) 만약 (그 사람이) 라면?"
③ 열려라 참깨 마법 답변 : "왜냐하면~"

이것이 바로 심리화 시스템을 활성화하는 마법 주문이다. '열려라 참
깨'만큼이나 간단한 대사로 시작되며, 우리가 일상에서 자주 사용하는
말들이기도 하다. 특히 이해되지 않는 타인의 말과 행동을 접할 때, 속으
로 내뱉는 혼잣말의 첫마디들이다. 이러한 언어를 사용할 때 심리화 시
스템이 활성화되면서 타인의 마음을 헤아리고 공감에 이르게 된다는 사
실을 깨닫는 사람도 있지만 대부분은 이를 의식하지 못한다.

핸들링이란, 이를 인식하고 내가 원하는 브레인 롤플레잉을 의식적으로 펼치거나(활성화) 멈추는 것(비활성화)을 의미한다. 그런 핸들링을 상황에 맞게 잘해낼 수 있다면, 그는 자신의 의지로 자신과 타인에게 긍정적인 영향을 미치는 진짜 리더일 수 있다.

본의를 가지고 '진짜 리더' 되기

좋은 영향력을 발휘하는 리더가 되려면 먼저, 그런 리더가 되겠다는 본인의 의지가 있어야 한다.

"나는 원래 말투가 이렇잖아."
"나는 원래 표현을 잘 못하잖아."

그래서 무의식적으로 하는 이런 식의 말을 바꿔야 한다. 이런 말은 "나는 이런 사람이니, 상대가 나를 알아서 이해해 달라"는 의미와 다름없기 때문이다. 특히, 나이가 많거나 직급이 높을수록 은연중에 이러한 뉘앙스를 풍기는 말과 행동을 하게 될 수 있다. 이 말의 본심은 나 역시 공감 받고 싶다는 마음일 것이다.

하지만 내가 리더가 되기로 결정했기 때문에 나이나 직급은 상관없이 '상대가 아닌 내가 바뀌어야 한다.' 라는 의식에서 출발해야 한다. 내가 아무리 타인에게 영향을 주고 싶지 않아도 '자동문+복사기'처럼 작동되는 거울 시스템 때문에 나의 말과 행동이 본의 아니게 상대에게 영향을 미친다는 것을 의식해야 한다.

예전에는 막연하게 '공감을 하게 만드는 무언가'가 있을 거라 생각했다면, 이제는 공감에 관여하는 대표적인 두 가지 시스템이 있음을 알았기 때문에, 이를 어떻게 활용할지 그'운전 방식'을 스스로 선택해야 한다.

> "나는 원래 말투가 이렇잖아."
> "나는 원래 표현을 잘 못하잖아."

> "내가 만약 안 대리라면? 내 말투와 표현 방식이 어떻게 들릴까?"
> "왜 장 대리는 자꾸 나를 피하는 걸까? 왜냐하면 (   )"

첫 번째 질문은 거울 시스템을 활성화하여 상대의 감정을 느끼게 만든다. 두 번째 질문은 심리화 시스템을 활성화하여 상대의 입장과 관점을 헤아리게 만든다. 즉 어떤 질문을 던지느냐에 따라 내 두뇌에서 활성화되는 시스템이 달라지고, 이를 핸들링 할 수 있다.

구분	1. 거울 시스템	2. 심리화 시스템
정의	타인의 행동, 정서를 거울처럼 반영하는 능력	타인의 마음을 읽고 헤아리는 능력
작동 방법	① 보는 순간 **즉시** ② **자동적으로 모방** ③ (영장, 포유) 동물도 가능	① **의식적 노력**을 해야 ② 마음을 **헤아려**(추측), 읽기(해석) 가능 ③ 오직 인간만 가능
작동 순간	**'어떻게?'** 하는지 **'관찰'**했을 때	**'왜?'** 라는 **'질문'**을 던졌을 때

'어떻게 하는지'를 상상하면 거울 시스템이 활성화되고, '왜'와 '왜냐하면'을 생각하면 심리화 시스템이 활성화된다.

이 두 시스템은 대립하는 개념이 아니라 상호 보완적으로 작동하며, 우리가 보다 원활하게 공감할 수 있도록 돕는 협업 시스템이다.[11] 두 개념을 구분하려다 보니 마치 대립되는 것처럼 보였을지 모르지만 거울 시스템과 심리화 시스템은 서로 보완적인 관계이며, 하나의 시스템이 활성화되면 다른 시스템은 상대적으로 비활성화 되는 시소와 같은 구조로 작동한다.

따라서 어떤 상황에서 어떤 시스템이 활성화되는지를 이해하면 공감이 잘 되지 않는 자신과 타인의 언행을 보다 쉽게 받아들이고 해석할 수 있다. 그것을 단순히 머릿속으로 생각하는 것보다 이를 문장으로 표현하고 언어화하는 과정 자체가 심리화 시스템을 활성화하는 일종의 버튼이 된다. 즉 공감이 더욱 수월해질 수 있다.

이러한 작동 방식을 이해한 후에는 내가 핸들을 쥐고 바꿀 수 있는 것과 없는 것을 명확히 구분한 뒤, 바꿀 수 있는 것부터 의식적으로 변화시키려는 노력이 필요하다. 특히 공감 시스템이 '쫄면 안 되는' 시스템이라는 사실을 기억해야 한다.

불안, 두려움, 공포와 같은 강한 감정을 느끼거나 과도한 업무로 인지적 과부하 상태에 놓이면 공감 시스템이 제대로 활성화되지 않는다는 것을 기억해, 자신과 타인이 특정 상황에서 왜 공감하지 못하고 이기적으로 행동하는지를 이해할 수 있어야 한다. 따라서 공감 리더십을 발휘하려면 거울 시스템과 심리화 시스템을 활성화하는 질문을 많이 하기에

---

11. 『사회적 공감』 199.

앞서, 지금 내 심리화 시스템이 제대로 작동할 수 있는 상태인지 먼저 체크해야 한다.

쫄면 상태에서는 타인을 더 공감하려고 애쓰기보다 잠시 멈추고 '자기 공감'을 먼저 해야 한다. 왜냐하면, 쫄면 상태에서 벗어나야만 공감 시스템이 활성화되고, 그래야 진짜 공감이 가능해지기 때문이다.

또한 '아무것도 하지 않는 시간', 즉 멍 때리기를 실천하는 지혜도 필요하다. 연구에 따르면, 휴식을 취할 때 활성화되는 '기본 신경망(디폴트 모드 네트워크, DMN)'과 심리화 시스템은 해부학적으로 중첩된다.[12] 쉬는 동안 심리화 시스템이 활발했던 사람들이 타인의 마음읽기에 뛰어난 능력을 보인다고 한다.[13] 즉 충분한 휴식을 취한 사람일수록 타인의 마음을 읽는 능력이 뛰어나다. 따라서 리더는 타인을 공감하기 전에 먼저 자기 자신에게 휴식을 선물할 줄 알아야 한다.

'공감 시스템'으로 사람을 헤아릴 줄 아는 리더

공감을 두뇌 신경 시스템의 활성화 결과로 보면, 사람을 단순히 '나쁜 사람' '무례한 사람' '좋은 사람' '친절한 사람'으로 단정 짓는 대신, 그 사람의 뇌 속에서 어떤 공감 시스템이 작동 중인지를 탐구하고 싶어지는 호기심이 생긴다.

'지금, 저 사람의 뇌에서는 어떤 공감 시스템이 작동 중인 거지?'
'그때, 내 뇌에서는 어떤 공감 시스템이 작동 중이었을까?'

---

12. 『사회적 뇌』 179.
13. 『사회적 뇌』 449.

결국, 공감 리더는 이런 질문을 던질 줄 아는 사람이다. 공감은 본능인 동시에, 내가 어떤 말을 하느냐에 따라 원하는 방향으로 연출할 수 있는 것이다. 공감을 시스템으로 이해하는 순간, 리더는 상대의 감정과 상황을 보다 객관적으로 바라볼 수 있으며, 이를 통해 더 나은 공감 리더십을 발휘할 수 있게 된다.

이 공감 시스템에 연극적 상상력이 더해지면, 원하는 브레인 롤플레잉을 펼쳐 현실적인 소통을 변화시키는 공감 연출가가 될 수 있다.

연출력 : 타인의 뇌를 의식적으로 경험하라

자동적 역할 바꾸기

"경험을 할 수 없는 역할은 상상을 하면 되잖아!"

이런 혼잣말이 자연스럽게 입 밖으로 나온다면, 공감은 훨씬 쉬워진다. 이는 공감을 타인과의 입장이 바뀌는 실제 경험에만 의존하지 않겠다는 의지일 수 있기 때문이다. 같은 처지가 되어보는 경험은 역할 상상을 불러일으켜 자동 공감 모드를 만든다.

문제는 이런 역할 바꾸기 경험이 언제, 어디서 일어날지 예측할 수 없다는 것이다. 예를 들어, 사사건건 잔소리를 하는 엄마를 이해하지 못하던 딸이 훗날 자신의 딸에게 똑같이 잔소리하며, 비로소 예전 엄마의 심정을 단번에 공감하게 되는 순간이 있다. 문제는, 이렇게 긴 시간이 지난 어느 날 불시에 찾아온 경험이 정작 공감하고 싶었던 그때, 그 사람에게는 사용할 수 없다는 것이다.

그렇다면 이렇게 우연히 찾아오는 '자동적 역할 바꾸기' 경험들을 우리는 어떻게 활용해야 할까? 지금 그 경험을 하고 있는 나 팀장의 브레인 롤플레잉을 관람한 후에 이야기를 나눠 보자.

S#04. 나 팀장의 브레인 롤플레잉 : 지옥철에서 만난 익숙한 그 눈빛

저녁 7시. 큰일 났다. 내 사전에 지각이란 없는데, 본의 아니게 지각이다. 교육팀에서 자율적 자기계발 활동인가 뭔가 라며, 각자 배우고 싶은 예체능 프로그램을 선택하라고 했다. 나는 뭘 잘못 먹었던지, 덜컥 연극을 선택했다. 당연히 배우들이 회사 교육장으로 올 줄 알았다. 그런데 직접 찾아가서 듣는 것일 줄이야. 그것도 저녁 7시, 퇴근 피크시간에 대학로 극단으로 직접 가는 것이었다.

아무튼 7시까지 혜화역에 도착해야 하므로, 차는 회사 주차장에 버려두고 지하철을 탈 예정이다. 검색을 해보니, 삼정에서 혜화역까지는 지하철로 33분. 6시 땡하고 나왔으니, 예정대로면, 여유 있게 도착하고도 남는 시간이다. 그런데 웬걸, 지하철 입구로 들어가는 것부터 쉽지 않다. 5년 전까지는 간간히 지하철로 출퇴근을 하기도 했었다. 팀장이 된 후론, 처리해야 할 업무들도 많고, 차가 막히는 시간도 피할 겸 완전 자차로 오전 6시 출근과 오후 8시 이후 퇴근을 생활화했다. 그러다 보니, 출퇴근길 지하철은 지옥이라는 걸 잠시 망각하고 있었다.

참으로 오랜만에 맛보는 지옥체험이다. 그런데 한꺼번에 쏟아져 나오는 퇴근길 직장인 무리들 틈에 내 몸을 맡기니, 어느 순간 그들과 한 덩어리가 되어 있었다. 어쨌든 탑승 성공이다.

'뭐지? 이런 초짜의 기분은?'

뭐든 경력자들은 다르다. 어쩌다 출퇴근 지하철 초짜가 돼버린 난 얼굴과 몸이 잔뜩 짜부라져 도통 정신을 차릴 수가 없는데, 의외로 여유로운 표정의 사람들도 많았다. 도무지 빈틈이라고는 찾을 수 없는 그 꽉 들어찬 지하철 안에서 어떻게 그렇게도 각자의 공간을 창출해 내는지, 몸은 지하철에 있건만 그들의 뇌는 딴 세상에 있는 듯 했다. 가만히 봤더니 그건 순전히 핸드폰이 부린 요술이었다. 핸드폰 덕분에 어떤 이는 주식 삼매경, 어떤 이는 게임, 인스타그램, 유튜브, 독서에 빠져 있었다. 또 어떤 이는 종이책까지 든 채 읽고 있다. 다들 대단하다.

내 손에만 그 요술 폰이 없다. 하필 폰을 가방에 넣고 탔다. 꺼내고 싶어도 손 하나 까딱할 수 없으니 꺼낼 수가 없다. 딴 세상으로 탈출시켜 줄 요술 폰도 없이, 옴짝달싹 못하는 '얼음 땡' 자세로 버티다 보니, 체감상 스무 정거장은 지난 듯 했다. 그런데 이제 겨우 두 정거장, 잠실새내역이다.
'신이시여. 남은 열두 정거장을 어찌 버텨야 합니까!'
이순신 장군은 고작 열두 척의 배로 백 척이 넘는 적군을 무찔렀다. 그런데 난 고작 이 열두 정거장도 버티기 힘들다. 자꾸 멘탈이 부서지려 한다. 딱히 할 게 없으니, 그저 고개만 두리번두리번, 그러다 우연히 지하철 창문에 비친 내 얼굴과 눈이 마주쳤다.
'뭐지? 저 눈빛과 표정은? 아침 시간 안 대리에게서 많이 봤던 눈빛과 표정이네?'
순간, 내 얼굴에서 안 대리의 눈빛과 표정을 보았다. 요술 폰이 없으니 이런 이상한 체험도 하네. 그런데, 안 대리가 어디에 산다고 했었지? 신림?

부천? 아님 홍대? 참, 오늘 이사를 한다고 했었지? 대체 안 대린 어디로 이사를 간 거지?

'근데 왜 갑자기 안 대리에 대해 궁금해 진거지?'

혹시 매일 아침저녁 안 대리가 이 지옥철에서 느끼는 기분이 이런 게 아닐까라는 생각이 들었다. 근데 이게 진짜 안 대리의 기분인지는 잘 모르겠다. 나 역시 예전에 밥 먹듯 경험해 본 일상이었기에 그런 추측이 일어났는지도 모르겠다. 아무튼 안 대리의 아침 죽상 얼굴에 이런 지옥철 체험이 한몫을 했을 수도 있단 생각이 들었다. 이런 상상을 하자, 갑자기 내 마음이 말랑말랑해졌다. 그러니 자동으로 팀장인 내 말과 행동이 안 대리를 비롯한 팀원들에게는 어땠을까? 라는 생각도 해보게 됐다.

'난 절대, 저 팀장 같은 리더가 되지 않을 거야!'

초짜 팀장이었을 때의 다짐이 생생하게 들려온다. 진심으로 배려하고 소통하는 다정한 리더가 되고 싶었다. 지금 난 어떤가? 어떨 땐, 내가 봐도 그 옛날 내 팀장이었던 허 본부장의 데칼코마니일 때가 있다. 핑계를 대자면, 이 소심한 성격으로 나와는 정반대의 다혈질 허 본부장을 쭉 상사로 모시다 보니, 하루하루가 살얼음판이었다. 그러니 그 스트레스를 알게 모르게 팀원들에게 풀기도 했을 것이다. 팀원들을 챙기기보다 닦달하고, 가끔은 막말도 했다. 물론 혼잣말이기는 했지만 조금 크게 했으니, 다 들렸을 것이다.

또 초짜 팀장 때 읽은 자기계발서에서 요즘 직원들은 지나친 상사의 관심을 간섭이나 사생활 침해로 여겨 질색한다는 조언들이 알게 모르게 내 무의식에 박히기도 했던 것 같다. 진심을 표현하기 보다는 카리스마 있는 척을 더 많이 했다. 그냥 내 마음 가는 대로 할 걸….

'안 대리, 이사 잘 갔어? 어디로 간 거야? 참, 예전에 고시원 산다고 하지 않았어?'

아서라, 그나마 내적 친분 있는 장 대리라면 모를까? 안 대리는 질색을 할 거다. 이럴 땐, 요술 폰이 손에 없는 게 얼마나 다행인지. 만약 있었다면, 이 감성으로 안 대리에게 전화를 걸었을지도 모른다. 퇴근 후 상사의 카톡, 문자, 전화는 나도 질색이다. 그런데 생각해 보니, 난 내가 야근할 때, 종종 업무 카톡을 보냈었다. 안 대리가 번번이 읽씹 하긴 했지만.

"이번 역은 동대문역사문화공원, 동대문역사문화공원 역입니다."
우와! 요술 폰 없이 이런 저런 상상을 하다 보니, 까마득했던 열두 정거장이 모두 지나갔다. 찌부러진 이 상태도 그럭저럭 견딜 만했다. 진짜, 사람은 마음먹기에 따라 시간도, 상황도 다르게 느껴지나 보다.
구겨진 얼음 상태로 이동하는 내내, 신기하게도 난 자꾸 안 대리가 된 기분이 들었다. 아침마다 구겨진 얼굴로 사무실에 들어온 안 대리가 늘 못마땅했는데, 내가 지금 이 지옥을 맛보니, 그럴 수도 있겠다 싶었다.

'안 대리 아니, 신나야! 많이 힘들지? 힘내!'

이게 안 대리를 향한 진짜 내 마음인지 모른다. 하지만 안 대리가 날 신뢰하지 않는다는 느낌적인 느낌에 휩싸여, 진짜 마음을 전하려는 시도조차

하지 않았다. 언제나 카리스마 있고 강한 팀장인 척, 연기하기 바빴다.

나 팀장은 우연히 찾아온 안 대리에 대한 역지사지 경험을 통해 안 대리의 심정을 공감하고 있다. 물론, 이것은 실제 경험에 나 팀장의 추측이 더해져 만들어진 상상 경험이다. 그런데 공감은 자주 이런 방식으로 우리 곁에 찾아온다.

반찬 그릇을 탁탁 던지듯 놓는 식당 직원을 보면서 내가 직장에서 불친절하게 고객을 대했던 상황을 떠올릴 수도 있다. 회사에서 직원 역할을 맡고 있던 당신이, 고객 역할로 바뀌기가 되면서 자동으로 그 심정을 헤아리게 된 것이다. 공인중개사 공부를 시작한 엄마가 눈을 억지로 떠가며 밤늦도록 공부를 하다가 문득 고3 아들의 심정을 이해하게 되는 순간을 맞이하기도 한다. 분명 같은 상황과 같은 사람이 아닌데도, 우연한 역할 바꾸기는 타인의 뇌를 경험하게 한다.

만약 당신이 직장인이라면 이런 상황의 주인공이 될 수도 있다. 본사 직원인 당신의 입장에서 바라본 현장직원들은 대체로 비협조적이고, 불만투성이에 부정적인 태도를 장착한 사람들이었다. 도움을 주려고 애쓰는 당신을 오히려 괴롭히는 사람 취급하기도 했다. 그러던 어느 날.

'만약 (본사 직원이던 당신이 갑작스런 발령으로 현장 직원이 된다) 라면?'

현장 직원이 되어보니, 당신 역시, 본사에서 요구하는 문서와 절차가 왜 현장 일을 더 힘들고 번거롭게 하는지 그 이유를 자동으로 알게 되었다. 그 후, 당신은 다시 본사로 발령이 나 예전과 같은 역할로 현장 직원들의 불평불만을 듣게 된다.

그러나 그들의 목소리는 이전과 다르게 들릴 수 있다. 그것은 당신의 '경험대본'이 교체되었기 때문이다. 물론, 그 감정과 관점 변화는 일시적인 이벤트일 뿐 다시 본사 직원 역할을 맡게 된 당신은 언제 그랬냐는 듯 예전과 똑같은 말과 행동을 할 수도 있다.

그럼에도 불구하고 당신의 '경험대본'은 이미 각색되었다. 그래서 다른 뇌 연극이 펼쳐질 수 있다.

'맞아! 나도 현장 근무를 할 때 비슷한 기분이 들었던 적이 있어!'

예전과 똑같이 현장 직원의 불평불만을 듣고 있는데, 속으로 저런 혼잣말을 하고 있다면 말이다. 저런 내면의 대사가 미세하게 추가되었기에 '경험대본'이 각색되었다고 한 것이다. 그러면, 분명 겉으론 예전과 똑같은 말과 행동을 하고 있을지라도, 그것을 과연 똑같은 역할 연기라고 할 수 있을까? 같은 연극 대사를 해도 일반인이 하는 것과 최민식과 같은 배우가 하는 것은 다르지 않는가?

과연 우리는 이런 미세한 내면 대사와 역할 변화를 얼마나 알아차리고 있을까?

'이 느낌과 이 경험을 토대로 다음엔 이렇게 행동하자!'

만약 나 팀장이 속으로 저런 혼잣말을 했다면, 그는 우연히 찾아오는 안 대리와의 '자동적 역할 바꾸기' 경험을 의식한 것이다. 그렇게 되면, 그 느낌과 경험은 향후 비슷한 상황에서 새로운 경험대본이 될 수도 있다.

자동적 역할 바꾸기 경험을 의식적으로 알아차리는 것만으로도 그것은 의식적인 경험으로 변한다. 자동적으로 일어나는 모든 생각과 감정을 의식할 필요는 없지만 역지사지 경험은 의식을 통해 더 좋은 공감능력을 발휘하는 재료로 쓰면 좋다.

'자동적 역할 바꾸기'는 분명 우리의 공감 모드를 순식간에 변화시키는 강력한 경험이다. 그렇지만, 그런 경험을 했다는 것조차 모르면 그 경험은 변화를 위한 힘이나 능력으로 쓸 수 없다. 모든 경험이 쓸모 있는 경험은 아니다. 그러나 모든 경험을 의식적 재해석을 통해 나에게 좀 더 가치 있고, 도움이 되는 경험으로 활용할 수 있다.

그렇다면, 역할 바꾸기 경험과 상상을 나에게 도움 되는 공감 '능력' 으로 만들려면, 어떻게 해야 할까?

잠깐, 이런 연기를 한번 해보자!

(최대한 건방진 표정과 말투로)

"경험을 할 수 없는 역할은 상상을 하면 되잖아!"

마치 배우가 독백을 하듯 저 대사를 세 번 반복해 보자! 괄호는 연극 대본의 지문에 해당한다. 저런 표정과 말투까지 곁들여 연기해 보자. 저런 혼잣말을 입 밖으로 내뱉는 순간, 당신의 뇌에는 "그게 과연 가능한 거야?"라고 물어올 것이다. 그 의문은 "한번 진짜 그렇게 해볼까?"라는 또 다른 질문을 만들어낼 수도 있다. 이것이 어떤 사람에게는 행동의 시동을 거는 버튼이 되어 줄 수 있다. 문제는 그런 시도를 의식적으로 해보는가이다.

자동으로 조절이 안 되는 부분은 되도록 그대로 놔두는 것도 좋다. 그런데 변화를 위해 필요한 자동적 경험들은 의식해 볼 필요가 있고, 경험할 수 없는 건 의식적인 상상으로 연출해 보면 된다. 인간은 자동적 경험만 할 수 있는 존재가 아니라, 얼마든지 의식적인 상상도 할 수 있는 존재이기 때문이다.

'의식적 역할 바꾸기'는 우연이 아닌, 내 의지로 이끌어내야 하는 '연출'의 영역이다.

의식적 역할 바꾸기

앞에서 펼쳐졌던 나 팀장의 브레인 롤플레잉은 아직 끝나지 않았다. 그의 역할 바꾸기 상상 경험은 자동에서 의식으로 전환되고 있는 중이다. 이번 브레인 롤플레잉에서는 당신도 단순히 관객 역할에만 머물지 말고, 나 팀장과 의식적인 역할 바꾸기를 시도해 보길 바란다.

1장에서 가상 캐릭터들의 브레인 롤플레잉을 읽을 때, '읽는 행위'를 '관람하는 행위'로 바꾸어 읽자고 했던 말을 기억하는가? 이번에는 그

'관람 행위'를 '연기하는 행위'로 바꿔보자.

준비 되었는가? 그럼 나 팀장이라는 타인의 뇌를 의식적으로 경험해보자!

S#05. 나 팀장의 브레인 롤플레잉 : 왜 자꾸 내 발목을 잡는 거야?

저녁 6시 50분. 반대로 환승하는 우여곡절을 겪으며 드디어 혜화역에 도착했다. 도보로 10분 거리니 아직 늦지는 않았다. 그런데 '핑!' 어지럽다. 저녁을 못 먹어서 그런가 보다. 일찍 도착해 뭐라도 간단히 먹을 줄 알았다. 이렇게 빠듯할 줄이야! 마침 달달한 아이스라떼를 쭉 들이키는 학생이 코 앞 카페에서 나온다. 홀린 듯 그곳으로 들어간다. 이런, 두 명이나 주문대기 중이다. 그냥 포기할까?

저녁 7시. 큰일 났다. 내 사전에 지각이란 없는데, 본의 아니게 지각이다. 에라, 모르겠다. 일단 시럽을 듬뿍 추가한 아이스라떼부터 한 모금 쭉 들이킨다. 이게 뭐라고 지옥에서 천국으로 환승했다. 살 거 같다. 관절 팔팔, 뛸 수도 있을 것 같다. 그러자 갑자기 '라떼' 흥행영화 '친구'의 장동건과 유오성 배우처럼 뛰어보고 싶어졌다. 뛰면, 그나마 5분은 단축할 수 있을 거다. 그래 일단 뛰어보자!

뭐지? 그런데 장동건이 아니라 왜 또 안 대리가 된 기분이 드는 거지? 이 바통 때문인가?

손에 쥔 라떼가 순식간에 안 대리가 늘 들고 뛰던 스타벅스 아메리카노 '바통'으로 변신했다. 점심시간이 끝나고, 번번히 10분 늦게 스타벅스 커피를 바통 삼아 허겁지겁 뛰어 들어오는 안 대리가 내 눈엔 그렇게 꼴불견일 수 없었다. 그냥 커피를 포기하면 될 걸 왜 저러나 싶었는데, 나도 지금 딱 그 꼴이다. 나 역시 라떼를 포기하지 못했다. 한 모금으로 순식간에 지옥 탈출, 천국의 맛을 볼 수 있으니 나쁘지 않은 선택이란 생각까지 들었다. 시간 개념 없는 걸 질색하는 내가 본의 아니게 그 룰을 어기게 되자, 나와 다른 스타일의 타인의 행동을 이해하게 되었다고나 할까?

근데 이건 회사 출근 지각도 아니고, 단지 교육에 조금 늦는 것뿐이잖아! 사실 직장인이 이런 교육에 10분 늦는 건 일도 아니다. 보나마나 시작 20분 정도는 강사 소개니 뭐니 별게 없을 게 뻔하다. 게다가 난 지금 영화 〈친구〉의 장동건처럼 죽도록 뛰는 성의까지 보이고 있지 않은가? 그럼 된 거다. 그런데, 그 순간 또 다시 내 발이 말을 듣지 않고 멈칫한다. 눈앞에 고시원 입간판이 내 발목을 잡았기 때문이다. 그렇게 또 다시 순식간에 안 대리 입장이 되고 만다.

"팀장님. 저 고시원 살아요!"

4년 전인가, 신입이었던 안 대리가 했던 말이 불쑥 떠올랐다. 설마 안 대리, 여태까지 고시원에서 살다가 겨우 이사를 간 거였나? 어디로 간 거지? 참으로 무심한 팀장이다. 4년을 동고동락한 팀원이 어렵게 고시원살이를 벗어났는데, 어느 동네로 이사를 갔는지 정도는 물어봤어야지. 그래서 그가 자꾸 물귀신처럼 내 발목을 잡고, 내 머릿속을 헤집는 게 아닌가 싶었다.

내가 만약 안 대리라면?

이러면 안 되는데, 손이 자꾸 핸드폰을 만지작거린다. 당장 안 대리에게 전화를 할 태세다. 나도 모르게 손가락이 통화 버튼을 눌렀다. 지금 이 촉촉한 감정으로 따뜻한 리더의 한마디를 건네고 싶었나 보다. 어차피 안 대리는 퇴근 후엔 내 전화를 안 받으니 괜찮다.

"여보세요?"

'헉? 얘 뭐지? 오늘은 왜 이렇게 단박에 받는 건데?'

"어…. 어! 안 대리."

"팀장님? 웬일이세요?"

"(흐흐) 안 대리 오늘 이사 잘 했어? 고생 많았지?"

"……."

"여보세요? 안 대리? 듣고 있어?"

"죄송한데, 지금 제가 긴 통화가 어려워서요. 이사는 잘 했어요. 근데 무슨 일이세요?"

"어어…. 그랬구나! 근데 안 대리… 예전에 고시원 살았었잖아?"

"네? …고시원이요? 제가요? 언제요?"

"아니, 4년 전에 그 술자린가 어딘가에서 고시원 산다고 그러지 않았어?"

"네? …아! 아마 고덕동 산다고 했겠죠. 제가 고시원에 왜 살아요?"

"뭐? 고시원이 아니었어?"

"팀장님 죄송한데… 저 진짜 끊어야 해요. 내일 뵙겠습니다."

그럼, 그때 내가 잘못 들었던 건가? 그런데 난 전화가 끊어지고도 한참을 멍하니, 제자리에 서있었다. 마치 내 두뇌에 누군가가 일시정지 버튼을 누른 듯했다.

저녁 퇴근 길, 우연히 찾아온 안 대리와의 역할 바꾸기 경험으로 그 어느 때보다도 격렬히 그의 입장을 이해하려 애써 봤다. 나이와 세대, 성별과 직급을 뛰어넘어 진짜 공감을 경험한 기분이 들었다. 그럼에도 혼란스럽다. 이 모든 게 사실이 아닌 내 추측이 만든 망상이 아닌가 싶어서….

내 머릿속 안 대리에게 묻고 싶다.
'너 어디까지가 진짜고, 어디까지가 가짜인 거니?'

나 팀장의 역할 바꾸기 브레인 롤플레잉은 여기까지다.

그의 역지사지 경험은 평소에는 그냥 지나쳤던 자동적 경험을 의식적으로 재해석한 '상상'이 가미된 경험이었다. 상대와 비슷한 입장에 처했다고 해서, 그 경험이 진짜 상대방이 느끼는 것과 일치한다는 보장은 없다. 그 경험조차도 내 뇌라는 '경험 필터'를 거쳐 각색된 브레인 롤플레잉일 뿐이다. 그래서 그는 어디까지가 진실이고 어디까지가 추측인지 혼란스러워졌다.

'대체 진짜 어디까지가 진짜고, 어디까지가 가짜인 거지?'

만약 당신도 나 팀장처럼 이런 의구심을 들었다면, 당신의 뇌는 그의 입장이 되어보려고 애썼다는 것이다. 그것을 공감 혹은 공감을 위한 연습이라고 볼 수 있을까?

공감을 결과로만 보는 게 아닌 노력의 과정 그 자체로 본다면, 가능하다. 실제로 우리는 이미 각자 살아온 경험(대본)이 있고, 그것이 모든 경험에 가미되기 때문에 완전히 똑같은 입장을 경험하는 건 불가능하다. 따라서 그 사람의 입장이 되어보려는 노력의 과정 자체를 공감으로 인식하는 것이 더 현명한 태도일 것이다.

"이건 내 뇌피셜인데 말이야!"

가끔 이런 말을 앞세워 내 생각과 의견을 타인에게 설명하곤 한다. '뇌피셜'은 '뇌'와 '오피셜'의 합성어로, 개인적인 생각이나 추측을 의미하는 신조어다. 유행하는 말이라 무심코 내뱉은 것일 수도 있지만, 어쩌면 우리는 무의식적으로 뇌가 연극을 펼치고 있음을 감지하고 있는지도 모른다.

"이건 내 추측이 아니라 진짜 확실한 거야."

이런 첫마디로 시작하는 경우도 얼마나 많은가? 덕분에 내 뇌가 펼치는 연극은 순식간에 기정사실이 되어버린다. 특히 내가 싫어하는 사람, 적대적 갈등 관계에 있는 사람에 대한 이야기는 과장된 액션까지 곁들여져, 더 그렇게 될 수 있다. 그런 뇌 연극의 제목은 아마 '뒷담화'가 아닐까?

"그래서 안 대리는 나쁜 애야? 좋은 애야? 빨리 판결을 내려줘!"
"탕! 탕! 탕! 안 대리는 (   )입니다."

법정에서 판사가 봉을 내리치듯, 당신의 뇌는 안 대리 캐릭터에 대한 판결을 빨리 내려달라고 난리를 칠 수도 있다. 그래야 안 대리를 어떤 역할로 분류해 어떤 관점으로 그의 언행을 해석할지 결정할 수 있기 때문이다. 안 대리가 실제 인물이고 당신이 상대해야 하는 사람이라면, 저런 판결이 있어야 어떤 대사와 액션을 취할지가 결정될 것이다.

그렇기 때문에, 공감을 잘하기 위해서는 저런 판단을 멈추고, 자동적으로 일어나는 타인에 대한 편견과 고정관념을 의식적으로 곱씹어 다른 관점을 가져 보는 과정이 필요하다. 그것은 뇌 입장에서 정말 많은 에너지를 써야 하는 피곤한 노동일 수 있다. 그래서 뇌는 해야 할 업무, 스트레스, 신경 쓸 일들이 많을 때 일종의 공감업무 파업 선언을 하는 것이다. 3장에서 언급했던 공감은 '쫄면 안 된다'의 상태가 되는 것이다.

"나 과로사 직전이야! 그 업무는 지금 처리 못해!"

타인에 대한 '의식적인 곱씹기' 업무를 할 수 있느냐 없느냐는 우리의 공감 수준을 결정하는 아주 중요한 업무다. 그런데 뇌가 저렇게 파업을 선언하면, 그 업무는 처리할 수 없다. 그래서 공감은 방법의 문제가 아닌 방식, 태도, 내 상테의 문제라는 것이다.

지금 내 뇌가 타인을 공감할 수 있는 상태인가를 체크해 보는 게 우선이다. 타인에게 단순한 공감표현 행위를 해 주는 게 중요한 게 아니라 내 뇌가 공감 업무를 잘 처리할 수 있는 상태를 만드는 것에 공을 들이고, '의식적인 곱씹기'로 깊고 섬세하게 타인의 뇌를 헤아리는 태도가 중요하다.

공감은 자동화 시스템이지만, 중간 중간 이런 '의식적 곱씹기' 수작업 과정이 반드시 들어가야 하는 '노동'임을 기억해야 한다. 그래야만 타인에 대한 잘못된 정보와 추측을 진짜처럼 믿는 뇌의 '예측 오류'를 조금이나마 줄일 수 있다. 맞장구나 경청처럼 타인을 공감해 주는 표현 행위는 겉으로 보기에는 거의 비슷하다. 하지만 공감의 수준을 결정하는 것은, 뇌 속에서 이루어지는 보이지 않는 '수작업' 과정이다. 마치 겉모습은 비슷해 보여도, 장인이 한 땀 한 땀 정성껏 만든 물건이 더 높은 값을 지니는 것과 같은 이치다.

당신의 뇌는 지금 그런 공감 수작업을 할 수 있는 상태인가?

"경험을 할 수 없는 역할은 상상을 하면 되잖아!"

만약 그런 상태라면, 경험과 상상을 동등하게 바라보고 둘 중 하나만 바뀌어도 공감이 된다는 믿음을 가진다면, 당신은 '의식적 역할 바꾸기'를 충분히 할 수 있을 것이다. 타인의 입장이 되어보는 '진짜 경험'만이 공감에 이르는 유일한 방법이라면, 우리는 자주 '공감불능 상태'에 빠질 수밖에 없다. 여성이 남성이 되는 경험, 흑인이 백인이 되어보는 경험, 진짜로 소설 속 주인공이 되어보는 경험은 현실에서는 결코 경험할 수 없는 역할 바꾸기이기 때문이다.

아무리 노력해도 경험할 수 없는 상황과 역할들이 얼마나 많은가? 바쁜 일상 속에서 여행, 독서, 음악, 연극, 영화를 즐기는 이유 중 하나는, 우리 뇌가 이를 통해 나 아닌 타인이 되어보는 역할 바꾸기를 상상을 통해 경험할 수 있기 때문이다.

'타인의 뇌를 의식적으로 경험하라'는 말은 단순히 역할을 바꾸어 다른 관점에서 보는 것을 넘어, 의지를 가지고 그 입장에서 상상하고 경험하는 것이다. 자동적으로 반응하는 데 그치지 않고, 의도를 가지고 역할을 바꾸는 것, 그것이 바로 수준 높은 공감력을 갖는 것이다.

방금 우리는 그런 상상 경험을 해봤다. 의식적으로 가상의 캐릭터인 나 팀장의 뇌를 경험해 보지 않았는가?

'척' 하는 것도 공감이다

"오늘은 제육 어때?"
"제육이요? 좋습니다!"

먹고 싶지 않았지만 괜찮은 척, 상사의 입맛에 맞추기 위해 노력해 본 경험은 직장인 누구에게나 있다. 싫어도 좋은 척, 몰라도 아는 척, 알면서도 모른 척, 아파도 아프지 않은 척. 대체 왜 이런 '척'을 해야만 할까?

새로운 캐릭터를 만나보자. 나 팀장, 안 대리와 같은 부서에 있는 장 대리의 브레인 롤플레잉을 경험해 볼 것이다. 장 대리는 일명, '척하기' 선수다. 좋은 척, 맛있는 척, 괜찮은 척, 그런 연기를 척척 해내는 장 대리의 뇌에서는 어떤 연극이 펼쳐지고 있을까?

S#06. 장 대리의 브레인 롤플레잉 : 점심 수갑

특별한 일이 없는 한, 난 늘 팀장과 점심을 먹는다. 다른 팀원들은 어쩌다 일주일에 한두 번. 요즘 세상에 가족, 부부들도 이렇게 먹지는 않을 텐데, 어쩌다보니 그렇게 됐다.

"나야 땡큐지! 장 대리가 나 팀장을 다 커버해 주니깐. 난 장 대리가 불쌍해. 이런 점심 해방의 달콤함을 맛본 적이 없잖아?"

저 말소리에 탕비실 입구로 들어서던 내 걸음이 멈췄다. 목소리의 주인공은 안 대리. 내 뒷담화를 하고 있다. 구경꾼이 아닌, 주동자로 타 부서 직원들과 나를 씹고 있다. 별거 아닌 저 한마디가 그날은 왜 칼날이 되어 내 심장을 갈기갈기 찢었을까? 그 순간 내 뇌리에는 주마등처럼 수많은 장면들이 스쳤다. 나 팀장이 매일 점심을 먹을 때마다 내 앞에서 안 대리를 씹는 장면들이었다.

"아! 나 진짜 돌겠다. 좀비 이 과장도 벅찬데, 말귀도 못 알아먹는 안 대리까지…."

"팀장님, 제가 안 대리한테 다시 설명할게요. 안 대리가 일을 못하는 건 아니잖아요."

그 장면들 속에 나는 늘 안 대리 대변자 역할로 바빴다. 열 받은 팀장 심기를 건드리지 않는 선에서 팀장 말에 적절한 맞장구 쳐주랴, 동시에 안 대리 편에 서서 해명하랴. 매일 점심마다 이걸 무한 반복하는 건, 결코 쉬운 일이 아니다. 어떨 땐 팀장의 말이 맞는 경우도 많았기 때문에 그때마다 난 무슨 형사마냥 속으로 '안 대리는 왜 그런 행동을 했을까?'를 추리해야 하곤 했다. 결국 그럴싸하게 포장할 말을 찾아내 안 대리를 감싸기 바빴다. 난 그랬었다.

물론 무슨 공을 바라고 그렇게 한 건 아니었다. 그냥 우리 팀의 공존과 평화를 위해서라고 말한다면 너무 거창한가? 가식이니 밥맛이니 해도 실제 내 맘은 그랬다. 그런데 지금 안 대리가 하는 내 뒷담화를 듣는 순간, 그런 내 맘이 발에 밟힌 낙엽처럼 바스러지는 것 같았다. 없는 데선 나라님 욕도 한다는데, 그럴 수 있지. 내가 뭐라고. 엄연히 따지면 저건 욕도 아니잖아! 이렇게 스스로를 다그쳤다.

'팩트!'

그렇다. 욕이 아닌 사실이라서 그랬던 거다. 난 팩트 폭행을 당한 것이다. 내 안의 나는 KO를 당한 권투선수 신세로 삼 일이 지난 지금까지도 중심을 잡지 못하고, 휘청대는 중이다. 리액션 버튼도 고장 났다. 팀장은 물론 모든 직장 사람들의 말에 적절한 반응이 나와지지 않았다. 고개 한번 끄덕이는 데도 내 목은 기름칠을 하지 않아 끽끽 소리를 내는 녹슨 철문처럼 무거웠다.

"오늘은 제육 어때?"

이런 저런 핑계를 대며, 나 팀장과의 점심을 피하기 시작한지 벌써 삼 일째다. 그런데도 해맑게 저 단골 멘트를 던지는 걸 보니, 아직 팀장은 내 변심을 눈치 채지 못한 듯하다.

"제육이요? 좋습니다."

내 멘트를 전문가 김 과장이 대신 날린다. 드문드문 팀장과 점심을 먹는 김 과장과 이 과장의 그날이 오늘인가보다. 잘 됐다. 오늘은 나 팀장의 점심 메이트가 둘이니, 수월하게 빠질 수 있겠다. 난 혼자 먹을 거다.

"와, 나 제육 먹고 싶었는데, 팀장님 어떻게 제 속을 꿰뚫어보셨어요?"

당황스러웠다. 좀비 이 과장의 입에서 내 단골 멘트를 듣게 될 줄이야. 손발 오그라드는 아부 멘트는 목에 칼이 들어와도 못하는 이 과장이 저런 말을 했다는 건 정말 제육을 좋아한단 뜻이다. 그렇게 제육이 좋으면, 가끔 날 대신해 팀장과 먹어줄 것이지.

"월급만 축내는 저 좀비를 진짜 어떡하지?"

"이 과장님 자료를 참고한 덕분에 수월하게 마무리한 거예요."

거짓말이었다. 나 혼자 다했다. 이 과장 역시 안 대리처럼 내가 매번 구원자였단 걸 모른다. 이 모든 뒷담화는 팀장과 단둘이 점심 먹을 때 이루어졌으니까. 목격자는 나와 팀장뿐이다. 저들이 부탁한 것도 아닌데, 내 스스로 매번 그들의 대변자이자 구원자 역할을 자처했었다. 이걸 생색을 냈어야 했나? 그런데 이걸 어떻게 낼 수 있지?

"장 대리 뭐해? 안 가?"

'팀장님 오늘 저는 따로 먹겠습니다. 저는 세상에서 제육이 제일 싫어요!'

이 멘트가 목까지 차올라 토해내고 싶어 미칠 지경이었지만 또 꿀꺽 삼키고 말았다. 난 채식주의자다. 그런 내가 단지 나 팀장이 좋아한다는 이유로 일주일에 두 번, 의무적으로 제육을 먹었다. 정확히는 제육을 뺀 나머지 채소 반찬만 먹었다. 따로 메뉴를 주문하면 늦게 나온다는 이유로 나 팀장은 늘 메뉴를 제육으로 통일시켰다. 4년을 함께 식사했지만, 팀장이 과연 내가 채식주의자라는 걸 알기나 할까?

김 과장, 이 과장에겐 제육이 어쩌다 이벤트지만, 내겐 정기적으로 돌아오는 고문 그 자체다. 난 왜 바보처럼 이런 별거 아닌 걸 참고 있었지? 왜 내 입은 타인의 대변자 노릇만 하고, 정작 나를 대변하지 못했던 거지?

"점심은 자유롭게! 전 약속이 있어서, 먼저 가보겠습니다."

4년 전, 입사하자마자 안 대리는 시원하게 이 멘트를 팀장에게 날렸다. 스스로 점심 해방을 쟁취한 것이다. 그 대가로 팀장 눈 밖에 나긴 했지만, 뭐 어떤가? 아무 일도 일어나지 않는다. 오히려 달콤한 점심의 참맛 혜택을 만끽하고 있다.

'난 왜 안 대리처럼 당당하고 배포 있게 내 의사를 표현하지 못하는 걸까?'

'난 왜 과장들처럼 어쩌다 점심을 먹는 융통성과 유연한 관계 구축을 하지 못했을까?'

바보처럼, 입사하자마자 덜컥 과장들에게 물려받은 이 점심 수갑을 6개월 늦게 입사한 안 대리에겐 물려주지 못했다. 덤으로 아침, 점심, 야근까지 업무와 함께 동반되는 나 팀장의 감정 수발을 힘든지도 모르고, 오롯이 혼자 감당해 냈다.

좋은 척, 맛있는 척 그만하고 싶다. 내가 좋아하는 건 자장면이다. 고기 안 들어간 감자 자장면. 자장면이 무슨 금기어도 아니고, 왜 먹고 싶은 메뉴를 입 밖으로 꺼내지 못할까? 나 팀장이 면 요리를 극도로 싫어하기 때문에 그랬을 것이다. 내 뇌는 늘 내 편이 아닌 타인 편이다.

'팀장님 저 오늘 자장면이 먹고 싶은데, 오늘은 중식 어떠세요?'

"쟤 뭐라고 궁시렁 대니? 장 대리! 귀 먹었어? 안 갈 거야?"

"네? 아! 네…. 팀장님…. 저기…."

"뭐?"

"그러니까…. 그게…. "

"뜸들이지 말고! 뭐?"

"ㅇ … 어 … 어… 어제 오픈한 백반 집이 있던데, 거기 제육은 어떠세요?"

"그래? 새로 생겼음 함 가봐야지! OK!"

결국 나는 나 팀장이 채운 점심 수갑을 풀지 못하고, 또 다시 백반집으로 호송되었다.

직장인이라면 장 대리처럼 '척하는' 태도, 즉 가식적인 연기로 느껴지는 내 말과 행동 때문에 스스로에게 거부감을 느낀 적이 있을 것이다. 그런데 가만히 생각해 보면, 우리가 밥 먹듯 하는 일이 '척하는' 일이다. 지금 이 순간에도 당신은 열심히 책 읽는 척, 지적인 척을 하고 있을지 모른다. 동료와 대화하면서 열심히 경청하는 척을 하고 있을 때도 많고, 유능한 팀장인 척, 인자한 부모인 척하고 있을 때도 있지 않은가?

'잘난 척한다, 착한 척한다, 예쁜 척한다….'

'척한다'는 표현 뒤에는 주로 부정적인 의미들이 꼬리표처럼 따라붙는다. 그래서인지 어떤 척을 하고 있다고 자각하는 순간, 방금 전까지 아무렇지 않게 해오던 행동도 갑자기 하기 싫어진다. 바로 장 대리처럼.

왜 자꾸 척을 하게 되는 걸까?

무심코 하는 많은 행동들을 의식적으로 곱씹어 생각을 해보면, 그 속에는 반드시 장점과 단점이 공존한다. 척하는 행동 역시 그렇다. 만약 우리가 밥 먹듯 하는 것이 척이라면, 그것에 대한 우리의 인식이 부정적이라면, 그 반대 면을 의식해서 볼 필요가 있다.

척하는 것은 '나 아닌 타인이 되는 것', 즉 일종의 역할 바꾸기다. 그렇다면 이것은 어쩌면 공감을 위한 뇌가 펼치는 연극일 수도 있다.

만약 (내가 "팀장님과 점심 먹기 싫어요." 라고 말한다) 라면?

내 거절로 인해 상대가 당황하고, 불쾌해 하고, 힘들어 하는 모습이 생생하게 뇌에서 펼쳐지면, 저런 말은 쉽게 입 밖으로 내뱉기 힘들다. 싫은데 괜찮은 척했던 내 행동은 타인의 배려하고 공감해서 나오는 이타적인 행위일 수도 있다.

인간은 이기적인 존재처럼 보이지만, 실제로는 자신보다 자신의 행동으로 인해 고통 받는 타인을 더 견디기 어려워 하는 이타적 존재다. 그래서 괜찮은 척, 좋은 척, 맛있는 척을 하는 것이다. 내가 자주 하는, 척하는 행동을 의식적으로 관람해 보면 나 아닌 타인을 위한 공감행위일 때가 많다. 우리는 그런 척을 하는 자신을 조금 더 너그러운 시선으로 바라볼 필요가 있다.

'만약 (직장에서 척하는 것 없이, 모든 것을 있는 그대로 솔직하게 드러낸다) 라면?'

내 속마음을 그대로 표현한다면 어떻게 될까? 입으로는 "솔직하게 말해 봐."라고 하지만 막상 상대가 나에 대해 부정적인 말을 꺼내면, 마음 한가운데 총을 맞거나 칼에 찔린 듯한 고통이 밀려온다. 척을 멈추는 순간, 본의 아니게 우리는 서로에게 깊은 상처와 고통을 주는 총알이 될 수도 있다.

문제는, 장 대리처럼 지나치게 척하는 행동을 반복해야 하는 상황에 계속해서 놓여 있다 보면, 진짜인 나는 사라지고 척하는 가짜의 나만 남은 것 같은 느낌이 들게 된다는 것이다. 결국 자존감을 잃게 되는 것이다.

내 삶의 주인공이 내가 아닌 누군가에 의해 조종되는 꼭두각시 같은 기분이 든다. 이런 감정에 휩싸이게 되면, 방금 전까지만 해도 척척 잘해내던 공감 연기가, 갑자기 목에 칼이 들어와도 도저히 할 수 없는 거북한 행위로 변질된다. 마치 장 대리처럼 말이다. 회사 업무가 힘든 게 아니라 '척하는 행위'가 더 큰 부담이 되어 어깨를 짓누른다.

'그까짓 밥 같이 먹는 게 뭐가 그렇게 힘들다고….'

상황 밖의 구경꾼들은 쉽게 이런 말을 할 수 있다. 하지만 상황 속에 있는 장 대리는 일보다 점심시간이 더 힘든 일이 된다. 직장에서의 위기는 다른 게 아니라 바로 이런 상황들이 진짜 문제인 것이다. 점심시간은 매일 찾아오기 때문이다.

직장을 그만두고 싶을 때가 언제인가를 가만히 생각해 보면 이런 '척하는 연기'를 더 이상 하고 싶지 않을 때인지 모른다. 직장은 이런 공감하는 척하는 연기를 한 번이 아닌, 무한으로 반복해야 하는 곳이기 때문이다.

직장일이 힘든 건, 과도한 업무보다 인간관계에서 쌓인 이런저런 자잘한 감정 응어리들이 쌓이고 쌓여 갑자기 걷잡을 수 없이 커져버릴 때다. 작은 감정 응어리가 쌓일 수밖에 없는 이유는 똑같은 사람과 계속 마주치며 반복적으로 비슷한 패턴의 업무와 소통을 해야 하기 때문이다. 그래서 어제까지 별 문제없이 했던 말 한마디, 작은 미소가 힘들어지는 순간이 찾아온다. 그런 마음이 훅하고 들어오면, 좀처럼 빠져나가지 않고 온몸과 정신을 장악해 버리기도 한다.

'이런 감정을 어떻게 컨트롤해야 할까?'

척하는 나를 위한 인터미션

긴 시간 동안 진행되는 연극, 뮤지컬, 영화, 콘서트 등에서는 중간에 10~20분 정도의 쉬는 시간이 있다. 이를 '인터미션intermission'이라고 부른다. 이 시간을 통해, 배우들은 이어지는 순서를 준비하고, 관객들은 화장실을 가거나 음료를 마시며 잠시 환기하는 시간을 갖는다. 아무리 재미있는 뮤지컬 공연이라도 이런 인터미션이 없다면 배우는 물론 관객도 녹초가 될 것이다.

인터미션은 공연하는 배우들을 위한 시간이기도 하지만 관객들에게도 꼭 필요하다. 격정적인 춤과 노래를 펼치는 뮤지컬을 관람했다면, 그 공연을 보는 관객의 뇌 속에서도 똑같은 연극이 생생히 시뮬레이션 되기 때문이다. 인터미션은 배우 역할이든 관객 역할이든 모두에게 필요한 충전의 시간이다.

척하는 것도 공감의 일종이다. 사회생활에서 그런 연기를 해야 한다면, 그 공연에도 '인터미션'이 필요하다. 중간 중간 의식적으로 그 사람과 상황을 잠시 벗어나 보는 환기의 시간이 반드시 필요하다.

'나도 쉬고 싶지. 그런데 시간이 없는데 어떡해?'

업무로 바쁜 직장인들은 이런 말이 속으로 나올 것이다. 환기의 시간은 휴가가 아니다. '인터미션.' 잠깐의 휴식시간이다. 공연이 끝나고 쉬는 게 아닌 공연 중간에 쉬는 것이다. 어떤 사람에게는 30분, 어떤 사람에겐 1분 혹은 30초가 될 수도 있다. 그 휴식시간조차 주지 않는다면, 공감노동을 하는 뇌는 파업이 아닌 퇴사를 감행하고 장기 휴가를 떠날 수 있다.

실제로 많은 직장인들이 수시 충전을 하지 못하고, 어느 날 갑자기 배터리가 나간 휴대폰처럼 작동을 멈추는 경우가 있다. 타인을 이해하고 공감하는 사회적 소통을 할 수 없는 상태가 되고 마는 것이다.

내 뇌 연극에 인터미션을 내가 의식적으로 부여해 줘야 한다. 하루에 한 시간이든, 10분이든 특정시간을 인터미션이라고 명명해 줘야 한다. 그 시간은 '척하는 나'의 연기를 멈추고, 나를 돌보는 심리적 여유 공간을 갖는 '인터미션'이라는 의식을 가져야 한다.

'나는 그때 왜 그렇게 좋은 척, 괜찮은 척 했을까?'

왜냐하면 (   ) 때문이야!'

저 빈 괄호를 간단히 채워보는 인터미션을 가져보자! 그렇지 않으면, 척하는 연기는 완전히 중단될 수도 있다. 그것이 나와 타인을 위해 과연 좋은 선택인지 생각해 봐야 한다.

척하는 나 : 자동적 연출

직장에서 척하는 나, 혹은 척하는 동료의 가식적인 행동을 너무 부정적으로 해석하지 말자. 만약 장 대리와 같은 감정에 휩싸인 직장인이 있다면, 인터미션을 통해 그런 행동을 하는 스스로를 먼저 알아봐 주고, 격려해 주고 그 행동의 가치를 인정해 주라고 말하고 싶다. 척하는 나부터 공감하자!

"왜 자꾸 척을 하는 거지?"

이런 질문을 던지는 순간, 나는 자동적으로 했던 행동을 자각하고, 그 이유를 탐색하며 스스로 멈춤 버튼을 누른 것이다. 자신이 왜 그런 '척'을 하는지도 모른 채 그저 '척'만 하고 있는 직장인이 얼마나 많을까?

'척하는 나 : 타인에게 무조건 혹은 억지로 맞추려는

자동적인 행동만 하고 있는 나'

척하는 연기는 무조건 나쁜 게 아니다. 반드시 멈춰야만 하는 행동도 아니다. 직업배우가 '척'을 하는 연기를 하면, 관객들이 가짜 연기라고 문제 삼을 수 있다. 직업배우가 아닌 직장인이라면, 경우에 따라 힘을 빼고, 공감하는 '척을 하는' 일종의 연기도 할 줄 알아야 한다. 그렇지 않고, 매일 출퇴근을 반복하는 직장인들이 매사 모든 업무와 인간관계에 진심과 혼신을 다하면, 오히려 그게 큰 문제가 되는 경우도 있다. 직장마다, 사람마다 다르겠지만 보통 직장은 일회성 단기 공연이 아닌 여러 번 해야 하는 장거리 마라톤 공연에 가깝다.

마라토너가 42.195킬로미터, 전 구간을 전력으로 질주하는 건 불가능한 일이다. 페이스 조절이 관건이다. 마찬가지로 직장인들도 직장 업무와 인간관계를 장거리 레이스로 바라보고, 혼신과 진심을 다해야 하는 구간과 약간 힘을 빼고 자동모드로 척하는 연기를 해야 하는 구간을 설정할 필요가 있다. 그렇지 않으면, 장 대리처럼 어느 순간 심신 에너지가 모두 소진돼 공감 시스템이 고장이 날 수도 있으니까.

거창한 이유로 퇴사하는 직장인도 있겠지만 이런 무력감과 소진되는 번 아웃된 기분 때문에 퇴사를 감행하는 경우도 많다. 그래서 어느 정도 힘을 빼고 척하는 연기를 해야 하는 행위를 내 의지로 선택해 조절할 필요가 있다,

척하는 나는 어떤 나인가? 척하는 나는 일상에서 그리고 인간관계에서 내가 맡아야 한다고 믿는 역할의 '이미지 상'이다. '되어야만 하는 나, 되어야만 할 것 같은 나'가 '척하는 나'다.

장 대리는 그 역할놀이를 너무 과도하게 한 것이다. 그래서 '대리'라

는 직장인 역할 옷을 잠시 벗고, 그냥의 나로 돌아가 스스로를 충분히 인정해 주는 자기 공감의 시간을 갖고 싶은 것이다. 장 대리가 '인터미션'을 가질지, 공연을 중단하고 장기 휴가나 퇴사를 할지는 알 수 없다.

분명한 것은 장 대리에게는 자신의 역할을 돌아보고, 타인과의 관계를 재설정해야 할 순간이 찾아왔다는 것이다. 자동적인 공감에서 벗어나, 의식적으로 공감을 연출할 때가 온 것이다.

직장에 출퇴근을 하듯, 어떤 역할은 이런 출퇴근 시스템이 필요하지 않을까?

'처럼 하는 나'를 의식적으로 경험하라

나에게 선택권이 없다는 생각이 들 때, 무력감을 느낄 때가 있다. 반대로, 그 행동이 내가 선택하고 결정했다는 인식만으로도 더 의욕이 생기는 경우도 있다. 제3자가 봤을 때는 크게 달라 보이지 않는 행동임에도 말이다. 전자를 '척하는 나', 후자를 '처럼 하는 나'로 구분해 보겠다.

마침 안 대리가 '처럼 하는 나'를 해보려 한다. 이를 관람해 보면, 언뜻 비슷해 보이는 '척'과 '처럼'의 미세한 차이를 알 수 있다. 안 대리의 브레인 롤플레잉을 관람해 보자.

S#07. 안 대리의 브레인 롤플레잉 : 일 잘하는 장 대리의 스마일 스티커

"장 대리님, 이거 떨어뜨리셨어요."

"응? 그거? 버려! 아님 안 대리가 갖든가?"

이틀 전 일이다. 느닷없이 일 잘하는 장 대리가 병가를 냈다. 그때 사무실을 나서는 그의 짐 꾸러미에서 이 스마일 스티커가 탈출해 내 발등에 불처럼 떨어졌다. 버릴까? 말까?

"저를 믿으세요. 제가 장 대리처럼 '일 잘하는' 안 대리로 만들어 드릴게요."

그 스티커를 쓰레기통에 버리려는 순간, 스티커가 다정하게 웃으며 나에게 이런 멘트를 건넸다. 덕분에 그 스티커는 지금 쓰레기통이 아닌 내 서랍에 입주해 있다. 슬며시 서랍을 열어 스마일 스티커와 눈을 마주쳐 본다. 그동안 난 나 팀장에게 예쁨 받는 장 대리를 부러워했던 걸까? 그럴지도 모른다.

어쩌면 장 대리가 착한 척, 좋은 척, 괜찮은 척하며, 나 팀장 비유를 맞춰준 덕분에 나는 그동안 좀 편하게 직장생활을 했던 건지도 모른다. 승진을 앞둔 장 대리가 인사 평가 3개월을 앞두고 난데없이 병가를 내자, 그동안 흔쾌히 하는 것처럼 보였던 그의 모든 행위들이 다르게 해석되었다.

'일 잘하는 장대리? 하하하….'

6개월 입사 선배이기도 했고, 나이도 두 살 많기에 겉으론 존대했지만, 내 속에선 늘 이런 비웃음이 있었다. 그는 일이 아닌, 리액션과 아부를 잘하는 것뿐이었으니까. 오지랖은 덤.

"어머나!", "그러셨구나!" "아이고, 어쩌나?"

일명 '나나나 리액션 3종 세트'

"어머나! 그게 어떻게 팀장님 잘못이에요?"

"그러셨구나! 얼마나 답답하셨을까?"

"아이고, 어쩌나? 제가 해볼까요."

설마, 21세기에 이런 개수작이 통한다고? 완전 통한다. 특히 나 팀장에겐 직방이다. 이삼 일에 한 번꼴로 본부장에게 멘탈을 탈탈 털리는 나 팀장에게 장 대리의 리액션 기름칠이 없었다면, 난 벌써 새 팀장과 신나게 일하고 있었을지도 모른다. 그래서 싫었다. 동기들은 이미 퇴사 또는 승진했는데, 저 나이에 후배 자리 꿰차고 버티는 건 나 팀장뿐이니까.

'다른 팀장들에겐 온순한 본부장이 왜 나 팀장에게만 버럭댈까?'

답이 나오지 않는가? 나가란 소리다. 나 팀장도 그걸 모를 리 없다. 알면서도 모른 척하며 버티는 삶은 얼마나 굴욕적인가? 그도 얼마나 힘들까 싶다가도, 덕분에 죄 없는 나까지 왜 이런 버티는 굴욕적인 삶을 살아야 하는지 억울해 죽겠다.

'저기, 일 잘하는 장 대리님은 안 계세요?'

수식어가 무섭다. 타부서 직원들도 장 대리를 이렇게 부른다. 그러면, 정말 같은 일을 해도 장 대리가 더 잘하는 것처럼 보인다. 나 팀장이 자기 말에 리액션을 잘해 주는 장 대리에게 '일 잘하는'이라는 프레임을 씌웠다는 건 그렇게 해야 자기에게 인정받는다는 소리다. '진짜 일을 좋아하고, 잘하는 나'는 그 체제를 거부했다. '난 진짜 실력으로 승부하자!' 그렇게 입사 후 2년을 미친 듯 뼈 빠지게 일에만 몰두했었다.

'직장에서 일 잘하면? 돌아오는 건, 인정, 칭찬, 돈이 아닌 더 많은 일거리 투척!'

뼈 빠지고 난 후 얻은 교훈이다. 칭찬과 인정은 장 대리처럼 '나나나 리액션 3종 세트'를 구비하고, 상사 비위를 맞춰주는 감정노동이 수반되었을 때나 받는 포상이다. 적어도 나 팀장 밑에선 그렇다. 나는 그런 아부 대신 '진짜 일을 좋아하고, 잘하는' 내 진짜 정체성을 버렸다. 그리고 뭔 소린지 다 알면서도 모른 척, 못 알아듣는 척하며 월급날만 기다렸고, 나 팀장이 퇴사하는 꿈만 꾸는 삶을 살았었다.

'착한 척, 괜찮은 척했던 장 대리 못지않게 나 역시도 이런저런 척을 많이 했었구나!'

나의 이런 척으로, 나 팀장이 내게 붙여 준 수식어는 '말 귀 못 알아먹는' 안 대리다. 이젠 안다. 월급날은 돌아와도, 나 팀장 퇴사하는 날은 결코 오지 않는다는 걸.

'절이 싫으면 중이 떠나야지.'

그래서 이직을 결심했다. 그런데 그 순간, 난데없이 멀쩡해 보이는 장 대리가 병가를 낸 것이다. 그리고 그의 스마일 스티커가 내 발등에 불처럼 떨어졌다. 이건 변화와 기회의 신호탄이 분명하다.

진짜 일 좋아하고 일 잘하는 나, 그런데 지금 이 직장은 나에게 꾸역꾸역 월급을 받는 용도 그 이상도 이하도 아니다. 이게 다 장 대리와 나 팀장 때문이라고 핑계를 대며, 좀비 아닌 좀비인 척하며 직장생활을 버텨왔다. 이제부터는 스마일 스티커의 도움을 받아 난 작정하고 '장 대리 모드'를 장착할 예정이다.

'그래! 딱 3개월만, 나도 장 대리처럼 일 잘하는 안 대리가 되어보자!'

뼈를 묻을 것 같던 좀비 이 과장이 외국계 회사로 이직하는 기적이 일어났고, 장 대리도 없다. 일손이 없는 부서의 위기가 나에겐 기회일지 모른다. 장 대리 식의 일 잘함 모드와 내 원래 정체성인 진짜 일을 좋아하고,

잘하는 모드까지 모두 장착한다면, 3개월 후에 있을 인사평가에 자신 있다. 그때까지 조직과 나 팀장에게 딱 3개월 간헐적 충성을 할 작정이다. 결국 내 연봉과 승진에 결정적 열쇠를 쥐고 있는 사람은 나 팀장이니까. 3개월 후, 좋은 인사평가를 받고, 타 부서로 이동해 나 팀장과의 지긋지긋한 악연을 끊는 거다. 지금 경력으로 이직을 해봐야 그 나물에 그 밥, 딱 3개월만 나 팀장 입맛에 맞는 일 잘하는 안 대리가 되어보는 거다. 말귀 잘 알아듣고, 일 잘하는 건 기본. '나나나 3종 세트'는 남발하며, 팀장 비위 맞추기와 감정 수발을 기꺼이 들어야 한다.

자신 있다. 장 대리가 출근하면 서랍에서 이 스티커를 꺼내 손목 안쪽에 붙이는 걸 봤다. 그러면 '나나나 리액션 3종 세트'가 장착된 상냥한 장 대리로 모드가 전환된다. 어쩌다 보게 된 장 대리의 출근 스티커 퍼포먼스를 내일부터 나도 해볼 생각이다. 스티커가 웃으며 나에게 자신감을 불어넣어 준다.

"안 대리님, 저를 전적으로 믿으셔야 합니다."

지금도 힘든 직장생활인데, 장 대리 업무에 장 대리인 척해야 하는 역할 연기 임무까지 추가되었다. 그야말로 고생길이 열렸다. 그런데 왜 지금 내 표정은 스티커의 표정과 닮았을까?

신기한 일이다. 분명 이건 내 모습이 아니다. 누군가인 척하는 가식을 죽기보다 싫어했던 내가, 지금은 작정하고 장 대리인 척하는 연기를 하려고 하고 있다.

퇴사까지 결심했던 안 대리가 장 대리의 병가라는 예상치 못한 상황에 직면하면서, 순식간에 자신의 모드를 스스로 전환했다. 그러자 도저

히 풀리지 않을 것 같았던 나 팀장과의 갈등이 순식간에 장난처럼 종결되는 듯했다. 실제로 직장 내 갈등과 인간관계 문제는 누군가의 퇴사, 휴직, 새로운 부서 발령 등으로 마법처럼 순식간에 해소되기도 한다.

물론 그 반대의 경우도 있다. 이제 끝났다고 생각한 업무와 갈등 문제가 누군가의 입사, 복직, 발령 등으로 배역을 연기하는 배우만 교체된 채, 또 다시 도돌이표처럼 반복되는 경우도 부지기수다.

누군가인 척하는 것을 가식 연기로 여기면서 그렇게 하는 걸 죽기보다 싫어한다던 안 대리가 스스로 모드를 바꿨다. 그러나 분명 앞에서 본 장 대리의 척과는 다른 행동이다. 이것은 행위에 가깝다. 행동이 자동적으로 일어나는 것이라면, 행위는 어떤 목표나 의지를 가지고 하는 의도가 담긴 행동이다. 그래서 이런 내 의지와 의도가 들어간 척을 나는, 임의로 '처럼'이라고 구분해서 다르게 보길 권한다. '처럼'은 일명 '자기 자신과 짜고 치는 고스톱'을 펼치는 연극이다.

"네, 그때까지 맞춰보겠습니다."

분명 상사의 무리한 요청과 지시에도 웃으면서 곧잘 해냈던 나지만, 어느 날 그 한마디가 입 밖으로 나오지 않게 되면서 순식간에 직장생활이 지옥처럼 느껴질 때가 있다. 직장은 내 선택보다는 조직의 위계질서와 시스템에 내가 끼워 맞춰지는 경우가 많다. 그래서 처음 입사했을 땐 내 선택으로 '처럼'하던 역할 연기가, 어느 순간 타인에게 억지로 끼워 맞추는 '척'하는 연기로 뒤바뀐다.

그런 나를 위해 의식적인 '인터미션'을 갖는 것과 함께, '처럼 하는 나'라는 역할을 의식적으로 부여해 연기를 해보길 권한다. 물론, 안 대리의 '처럼 하는 나'는 아주 바람직한 이상적인 것이라고 할 수는 없다. 그러나 현실 직장인들은 자주 이런 방식으로 직장에서 '처럼 하는 나'를 맡게 되기 때문에, 쉬운 이해를 위해 이 연극을 소개했다.

'처럼 하는 나 : 내 선택과 결정이 반영된, 의식적인 행위를 하는 나'

직장생활은 특히, 연극적이다. 직급과 직책이라는 배역이 주어지면, 자동으로 그에 맞는 말과 행동이 나오기 때문이다. 배역에 맞게 행동을 바꾸는 배우처럼 직장인들도 직급, 직책에 맞는 역할 연기를 펼친다. 배역이 바뀌면, 당연히 말투와 행동도 그 역할에 맞게 바뀐다.

안 대리의 브레인 롤플레잉은 시즌1이 종결되고, 시즌2를 앞둔 넷플릭스 드라마처럼 보인다. 그 연극에서 그는 배우이자, 연출가 역할도 겸한다. 자신에게 장 대리 역할을 부여하는 셀프 캐스팅을 했고, 스마일 스티커라는 소품을 활용해 그 역할을 멋지게 연기하려 하고 있다.

이런 자발적 선택이 들어가자, 적대적이었던 나 팀장에 대한 관계 인식도 달라졌다. 그 감정과 인식이 얼마나 지속될지는 미지수지만, 분명 그 행위는 어쩔 수 없이 억지로 하는 '척'이 아닌 스스로 결정한 '처럼'이다. 의식적 연출 행위다.

나에게 무언가를 선택, 결정할 자유가 있다는 게 항상 좋은 결과와 만족감을 주는 건 아니다. 그 결과에 대한 책임도 온전히 내 몫이기 때문이다. 그럼에도 불구하고, 억지로 하는 행동보다 내 선택으로 하는 행위가 우리에게 더 괜찮은 기분을 선사한다.

왜냐하면, '척하는 나'와 '처럼 하는 나'는 동기가 다르기 때문에 활성화 되는 뇌 부위도 다르기 때문이다.

마지못해 규정에 의해, 사회적 지위와 위치 때문에 하기 싫은 일과 역할을 좋은 척 억지로 연기하면, 두뇌 외측에 욕망 억제 담당 부위가 활성화 된다. 이는 마치 내가 의자에서 일어나려고 하는데, 배우 마동석 같이 덩치 좋은 사람이 내 어깨를 짓누르는 기분과 비슷하다. 반면 내가 선택한, 더 나아가 내가 원하고 바라는, 잘되는 나처럼 하는 연기는 복측 선조 부위의 보상 체계를 활성화 시킨다. '처럼 하는 나' 특히, 잘되는 나를 상상하거나 연기했을 때는 남이 나를 칭찬하고 인정해 줬을 때 느끼는 기분과 같다.

처럼 하는 나 : 의식적 연출

엄밀하게 따지면, '척'과 '처럼' 둘 다 진짜가 아닌 가짜다. 하지만 이 두 가지는 전혀 다른 뇌 작동을 유발하며, 우리에게 전혀 다른 감정과 행동을 선사한다. 기억해야 할 것은, 일상에서 늘 보상 체계만 활성화시킬 수는 없다는 점이다. 싫어도 좋은 척해야 하는 가식적인 연기를 해야 하는 상황들이 더 많다.

그때 우리가 해야 할 일은 이 두 가지의 조화와 균형을 맞추는 것이다. 내가 요즘 지나치게 척하는 건 아닌지, 일상에서 이 두 연기를 알아차리고, 그 비율을 조정하는 노력이 필요하다.

'처럼 하는 연기'는 누구나 상상할 수 있을 것 같지만, '척하는 나'보다 훨씬 의식적인 노력이 필요하다. "척하지 말고 원하는 누군가처럼 해봐!"라는 말은 아니다. 앞서 강조했듯, 그런 연기는 우리의 사회생활에 어느 정도 필요한 부분이다. 그 안에 양념처럼, '처럼 하는 나'를 연기하는 행위도 추가되어야 한다. 이를 통해 자기 만족감을 얻고, 그 만족감이 '척하는 나'라는 연기도 더 잘 감당할 수 있게 만든다는 것이다.

당신의 일상 혹은 직장생활에서 이 두 가지 역할 연기는 각각 어느 정도의 비율을 차지하고 있는가?

만약 80% 이상이 '척하는 나'뿐이라면, 의식적으로 '처럼 하는 나'라는 역할을 창조해 보자. '척' 하는 공감 노동자 역할이 뇌의 기본 값이지만, '처럼' 하는 공감 연출가 역할도 선물해 주자. 전자가 훨씬 많은 비중을 차지하지만, 후자를 추가함으로써 내 뇌의 보상 체계를 활성화할 기회를 주자는 것이다.

만약 직장에서 실천하기 어렵다면, 퇴근 후 일상에서라도 작은 것 하나부터 시작해 보자. 진짜 내가 원해서 하는 일, 좋아하고 관심 있는 일을 '처럼'의 역할 연기로 펼쳐보는 것이다.

'그냥의 나'를 의식적으로 경험하라

나 팀장 역시 자신의 의지로 새로운 역할을 연기하고 싶어 한다. 과연 그는 누구와 역할을 바꾸려는 것일까?

나 팀장의 브레인 롤플레잉으로 경험해 보자.

S#08. 나 팀장의 브레인 롤플레잉 : 다정한 리더

"네, 정말 괜찮아요."

"정말 괜찮은 거지?"

"네…. 정말…. 괜찮아…. 아니요. 안 괜찮아요! 팀장님…. 저 퇴사하겠습니다."

"뭐? 퇴사? 뭐야? …. 무슨 일 있었어? 누가 장 대리한테 뭐래? 왜?"

"그냥…. 점심에 제육 먹기 싫어서요."

삼 일 전 일이다. 장 대리는 저런 이상한 말을 남기고 내 곁을 아니 회사를 떠났다. 우선 병가 처리를 하고 더 생각해 보라 했다. 대체 뭐가 문제였던 걸까? 누가 우리 장 대리를 건드린 걸까? 좀비 이 과장? 아님 말귀 못 알아먹는 안 대리? 일 안 하는 두 인간들이 가장 유력한 범인인데…. 그간 쟤네들이 나 몰라라 한 팀 업무들을 나와 장 대리가 처내느라 하루걸러 야근에 얼마나 고생했나? 그러고 보니 지칠 만도 하다. 그래도 나는 그간 함께한 직원들에게는 느껴보지 못한 진짜 의리, 전우애, 뭐 이런 감정을 느끼며 일할 맛도 나고 그랬다. 장 대리는 내편, 한 팀이란 생각이 들게 만들어 줬다. 덕분에 오랫동안 방치된 팀장 리더십을 되살리고 싶은 욕구도 솟구쳤다. 삭막한 일터에 쉴 만한 나무 정원 같은 팀장이 내가 되면 어떨까 하는 막연한 상상 아니 망상에 자주 빠지곤 했다.

'정말 좋은 사수가 되고 싶다! 어떻게 하면 좋은 리더가 될까?'

결론은 꽃 가위 들고 설치다가 총 맞은 군인 신세가 되고 말았다. 그것도

적이 아닌 전우의 총에 맞은 멍청한 군인이다. 이 뻥 뚫린 가슴 구멍을 어떻게 복구해야 하지?

현재, 이 과장에 장 대리까지 충원을 해야 할 빈자리만 두 갠데, 언제 충원이 될지 미지수다. 충원이 된다 해도 과연 장 대리처럼 손발이 맞을지도 미지수다. 장 대리 덕에 이제 실무에서 완전 손을 뗀 진짜 팀장이 됐는데, 또 다시 설거지 같은 업무에 손을 담글 생각을 하니 아찔하다. 겉은 강해 보이지만, 살얼음 멘탈을 장착한 내가, 장 대리의 마카롱 케어 없이 본부장의 학대를 잘 견뎌낼 수 있을지가 가장 큰 미지수다.

늘 손전등도 없이 혼자, 어두운 직장 터널 입구로 납치돼 다시 출발해야 하는 도돌이표 같은 신세. 또 다시 원점, 지긋지긋하다. 요즘은 머리부터 발끝까지 어디 하나 성한 곳 없는 완전한 중년 몸뚱이로 환골되어 마음이 더 애기 같아졌다. 뭐든 덜컥 겁부터 난다.

"다정한 리더가 살아남는다? 아이고야!"

앗! 전문가 김 과장이다. 내 옆구리 책을 뽑아 큰 소리로 제목을 읽어대며 놀린다.

"이런 책 좀 그만 보세요! 읽으려면 다 읽으시던가. 또 제목만 읽으셨죠?"

귀신같다. 난들 책 제목만 읽고 싶겠니? 내 나이 돼봐라! 책 한 페이지 넘기는 게 아령 드는 것 같고, 마음은 굴뚝인데 침침한 눈이 자동 셧 다운된다. 그런데 옆구리에 책이라도 끼고 있어야 심신이 안정되니, 자꾸 책이 핸드백이 되는 걸, 나도 저 나이 땐 몰랐다.

"이 책이 문제였네. 대체 장 대리한테 뭐 얼마나 다정하게 하신 거예요? 요즘 직원들은 간섭이라고 싫어해요. 아무튼 이 핸드백은 압숩니다!"

"좋은 말 할 때, 내놔라. 내 책!"

그랬다. 난 단지 좋은 팀장이 되고 싶었다. 그래서 없는 에너지 다 끌어다 방전 불사하고 장 대리에게 평소보다 3배 더 다정하게 "괜찮냐?"고 물었다. 근데 돌아온 게 퇴사 통보다.

개뿔! 난폭한 리더만 살아남지!

다른 데는 몰라도 이 조직은 그랬다. 다정하면 박멸인 걸 깜박했다. 그래서 그런 동기들은 죄다 살충제 맞고 진즉에 퇴치당하지 않았나. 난 다정하지 않은 척 해서 겨우 숨만 쉬며 사는 거고.

직장에선 아닌 척도 해야 산다!

책 제목대로라면, 허 본부장이 아닌, 나 같은 본부장이 한 명쯤은 있었겠지. 맘 약해진 중년 팀장의 호주머니를 노리는 출판사 놈들 장난에 또 놀아난 것이다. 허 본부장에게 의문의 1패를 당한 기분은 덤이다.

"김 과장, 팀 복귀한 기념으로 나 밥 사 줘!"

TF(Task Force)팀에 차출돼 한 달간 자리를 비웠던 그가 복귀했다. 어쩌고 저쩌고 애처럼 김 과장에게 그간의 신세한탄을 하고나니, 좀 후련하다. 장 대리 총에 맞았던 가슴 구멍이 김 과장 바늘로 조금 꿰매졌다. 그가 다시 왔으니 됐다. 일 똑 부러지고, 안 대리 잘 건사할 테고, 비빌 언덕이 있다는 생각에 내 심신은 급속 충전됐다.

"메뉴는 뭐요? 또 제육?"

"응, 이럴 땐 제육 먹어야지!"

"팀장님, 저도요"

난데없이 혹 안 대리가 끼어들었다. 뭘 잘못 먹었는지, 실실 웃으며 친한 척하는데 좀 무섭기까지 했다. 그런데 김 과장이 진짜 무서운 말을 꺼냈다.

"근데, 다음 주에 또 본부장 직속 TF팀이 꾸려진다는데, 설마 또 저는 아니겠죠?"

"우리 팀이 이 지경인데, 양심이 있으면 또 빼갈라고? …. 에이, 설마….."

"그 설마가 늘 우리 팀, 아니 팀장님 여러 번 잡았죠! 근데, 왜 자꾸 TF팀을 만들었다 없앴다 하는 거죠? 차라리 그 멤버들 데리고, 새 부서를 만들면 되잖아요?"

안 대리의 말에 간신히 봉합되었던 가슴 구멍이 툭 뜯어졌다. 구술 꿰듯 그간의 정황들이 딱딱 맞아떨어졌다. 인력 충원도 없고, 그나마 하나 있는 인재는 계속 빼가고, 자잘한 업무는 계속 투척해대고, 새 팀이 생기면, 자동으로 없어지는 팀도 생기기는 법.

아! 본부장은 왜 날 못 잡아먹어 안달이지? 나만큼 지한테 충성하는 인간이 어디 있다고?

뻥 뚫린 가슴 구멍으로 살충제향을 품은 매서운 칼바람이 사정없이 휘몰아쳐 내 정신을 어지럽힌다.

"팀장님? 이러지 말고, 팀장님 좋아하는 제육 먹으면서 기운 차려요. 우리."

우리? 얜 자꾸 왜 이러지? 살다 살다 안 대리 입에서 '우리'란 소리를 듣게 될 줄이야! 다정한 멘트…. 음…. 좀 수상하지만 나쁘진 않다. 자꾸 누굴 흉내내나 했더니, 장 대리다. 순간 내 머릿속에서 말도 안 되는 시나리오가 써진다. 장 대리 모드를 장착한 안 대리?

좀 까칠하긴 하지만 '일 좀 하는 안 대리 + 원래 다정했던 나 팀장 = 의외로 꿀 조합.'

내가 쳐다보기만 해도 질색팔색, 외면하던 안 대리 눈이 오늘은 초승달을 유지하며 내 눈을 피하지 않는다. 반짝반짝 '잘 해보자!'는 신호를 보내는 것 같기도 했다. 그런 그의 눈이 이상하게 손전등처럼 보였다. 가슴속 칼바람이 순식간에 산들바람이 되어 구멍을 빠져나갔다. 왜 저러는지는 몰라도 안 대리가 내 손전등이 되어 준다면, 이 칠흑같이 위기의 직장 터널도 한 번 도전해 볼 만하다.

"얘들아! 우리 제육 말고, 자장면 먹으러 가자!"

김 과장이 압수해간 책을 다시 옆구리에 꽂는다. 핸드백 용도만은 아니었다. 내 남은 직장 배역은 이제 임원 아니면 팀장으로 마감이다. 평생 척만 했던 내 연극에도 진짜 명품 연기를 펼치는 배역 하나쯤은 있어야 않을까? 내가 꿈꾸는 리더는 다정한 리더다. 허 본부장에게 자동으로 전염된 난폭한 리더십 말고, 진짜 나다운 멋진 리더십을 한번쯤은 펼쳐보고 싶다. 장 대리의 갑작스런 이탈로 잠시 흔들렸던 내 마음 결심이 안 대리의 모드 전환으로 다시 제자리를 찾는다.

"엥? 갑자기 웬 자장면? 면 싫어하시잖아요?"

"나 원래 초식이야! 어쩌다 육식인척 하다 보니, 진짜 육식이 된 거지?"

"팀장님, 자장면에도 고기 엄청 들어가거든요?"

"감자 자장면 집으로 갈 거거든요! 있어, 내 예전 단골집…. 가만 있어봐? 설마 그 사이 없어진 건 아니겠지?"

"팀장님, 제가 검색해 볼게요. 그 집 이름이 뭐예요?"

정글 조직에서 살아남으려고 너무 오래 사자탈을 쓰고 있었다. 두렵지만, 내 안에 굶주린 사슴을 깨운다. 허 본부장이 좋아하는 제육볶음은 이제 사절이다. 난 채식하는 사슴이다. 고집쟁이 안 대리도 저렇게 모드 전환을 했는데, 나라고 못할까?

내 역할 바꾸기 상대는 바로 나다!

이제라도 잃어버린 나를 되찾아, 되고 싶은 나처럼 한번 해보련다.

"근데, 장 대리도 감자 자장면 엄청 좋아하던데?"

"뭔 소리? 내가 장 대리랑 점심 먹은 세월이 얼만데, 식성 하나 모를까?"

헉! 난 모른다.

"장 대린, 왜 고기 안 먹어?"

"먹어요. 팀장님. 저 신경 쓰지 마시고 많이 드세요."

"난 면이 제일 싫어! 특히 자장면! 장 대리는?"

"아! 저…. 저도요. 특히 자장면은 별로…."

장 대리를 건든 범인을 잡은 것 같다.

"그럼 난 앞으로 누구랑 밥을 먹어야 하지?"

언젠가 점심을 따로 먹겠다던 장 대리에게 내가 무심코 던진 말이다. 그 말의 출처는 허 본부장이었다. 그가 팀장이었을 때, 팀원인 나도 들었던 말이었다. 나를 찍소리 못하게 만든 타인의 언어로, 나 역시 누군가를 찍소리 못하게 만들고 있었다.

이렇게 변해 버린 내가 과연 다정한 리더, 아니 내 이름처럼 그냥의 나대로, '다정한 나대로'로 돌아갈 수 있을까? 오랫동안 잃어버린 나다움을 의도한 것은 아니지만, 나 팀장도 '처럼 하는 나'를 연기하고 싶어 한다. 그런데 그 '처럼'이 다름 아닌 자기 자신이다. 정확히 말하면, '그래 이게 내 본 모습이지!' 라고 인식하는 나다.

> '그냥의 나 : 원래의 나라고 느껴지는, 나답게 행동하는 나'

어떤 사람에게는 '그냥의 나'가 자연스럽게, 자동으로 연기된다. 하지만 현실을 살아가는 우리는 점점 '그냥의 나'를 만나는 일이 어려워지고 있다. 특히 사회생활을 하다 보면, 어느 순간 어떤 모습이 진짜 나인지 혼란스러울 때가 많다. 마치 스스로를 잃어버린 듯한 기분이 들 때가 있다. 그럴 때 돌아가고 싶은 역할이 바로 '그냥의 나'다. 그러나 이제는 그 것조차도 의식적으로 선택해야만 만날 수 있는 역할이 되어버렸다. 당신은 어떤가?

당신에게 '그냥의 나'는 자동으로 되는 연기인가, 아니면 의식적으로 연출해야만 모습을 드러내는 역할인가?

나 팀장의 '그냥의 나'는 앞장에서 살펴본 장 대리의 '척'과 안 대리의 '처럼'과 비슷하면서도 또 다른 성격을 지닌다.

결국, 이것 역시 일종의 '척'이면서 동시에 '처럼' 하는 역할이다. 쉽게 정리해 보면 다음과 같다.

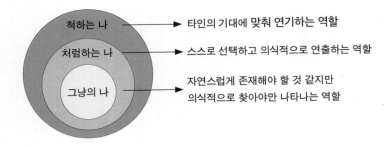

척하는 나 ──────➤ 타인의 기대에 맞춰 연기하는 역할

처럼하는 나 ──────➤ 스스로 선택하고 의식적으로 연출하는 역할

그냥의 나 ──────➤ 자연스럽게 존재해야 할 것 같지만
의식적으로 찾아야만 나타나는 역할

'그냥의 나'는 때로는 자동적으로 나타나는 '척'이기도 하고, 때로는 의식적으로 연출해야 하는 '처럼'이기도 하다. 무의식적으로 반복되는 '척'을 자각하고, 스스로 원하는 '처럼'으로 전환해 보자. 그리고 그 '처럼'이 타인이 아닌, 온전한 '그냥의 나'로 이어지도록 선택하는 것이다.

우리는 늘 타인을 부러워하고 동경하는 것처럼 보이지만, 그 이면에는 사실 자기 자신으로 살아가고 싶은 깊은 갈망이 자리하고 있다. 사람마다 그 갈망을 느끼는 시기와 빈도는 다르지만, 결국 누구나 '그냥의 나'로 돌아가길 원한다. 특히 나 팀장처럼 타인의 기대에 맞추느라 지쳤을 때, 혹은 지금의 내가 진짜 나인지 혼란스러울 때 그 갈망은 더욱 강렬해진다.

특히 나 팀장의 '그냥의 나'는 의식적 비전 설정이라고 할 수도 있다. 비전이라고 하니 조금 거창하게 느껴질 수 있지만, 사실 비전은 대표적인 의식적 브레인 롤플레잉이다. 비전은 아직 경험해 보지 않은 미래의 자기 역할을 상상하고, 그것을 원하며 설정하는 과정이기 때문이다. 경험을 바탕으로 자동적으로 펼쳐지는 연극이 아닌, 의식적으로 그려나가는 미래의 모습이기 때문이다.

되고 싶은 나 '처럼' 해보기

'되고 싶는 나'는 내가 펼치고 싶은 브레인 롤플레잉을 의식적으로 경험하는 일종의 '비전 설정'이다. 비전 설정은 아무나 하는 게 아니지만, 비전은 누구에게나 있다. 뇌는 이미 우리의 미래상을 예측해 설정해 놓았다. 지금까지 내가 경험한 것들과 그 경험을 바탕으로 한 상상력의 형편에 따라 나의 미래를 예측하고 있으며, 틈날 때마다 텔레비전에서 인기 드라마가 재방송되듯 머릿속에서 끊임없이 자동으로 재생된다. 그렇게 연습을 해대니, 현실에서 자주 그것이 재현될 수밖에 없다. 진짜 비전이 이루어진 것이다.

'왜 자꾸 나한테만 이런 일이 생기지?'

물론 거기에는 분명 우연도 있지만, 필연도 있다. 자동으로 재방송되었던 브레인 롤플레잉이 결국 현실에서 나타난 것일 수도 있다. 그래서 비전은 의식적으로 설정해야 하는 일이다. 나 팀장은 이를 '그냥의 나'로 결정한 것이고, 당신도 '되고 싶은 나'를 설정해 봐야 한다. 만약 끊임없이 재방송되는 원치 않는 비전이 현실로 이루어진다면, 이제는 연출된 비전 설정을 경험해야 할 시점이 온 것이다.

'되고 싶은 나' 비전을 설정한다는 것은 의식적 브레인 롤플레잉의 '연출'이다. 그래서 어떤 사람에게는 쉽지만, 누군가에게는 보너스처럼 느껴질 수도 있다. 영화배우로 비유하자면 이미 촬영 중인 영화가 많음에도 불구하고 새로운 영화를 계약한 셈이다. 또 누군가의 뇌에는 아예 그런 선택지가 존재하지 않을 수도 있다.

'당신은 비전대로 사는가?
아니면 그래도 가끔은 설정한 비전을 연출하며 사는가?'

이런 비전 설정의 역할모델이 반드시 타인일 필요는 없다. 누구처럼 하는 게 아닌 '미래의 나'를 마치 작가가 캐릭터 창조하듯 만들어 보는 것도 좋다. 나 팀장의 '그냥의 나'도 그런 형태 중 하나다. 그렇다면 어떤 나를 연출해야 할까?

'이왕 연출하려면, 잘되는 나를 연기하라!'

성공한 사람들을 관찰해 보면, 연극적 방법을 활용하는 경우가 많다. 그 대표적인 인물이 일본인 야구선수, 메이저리그에서 엄청난 활약을 펼친 7억 달러의 사나이 '오타니 쇼헤이'다.

"난 반드시 메이저리거가 된다."

어린 오타니는 밥 먹듯이 저 말을 되뇌며, '잘 되는 나'를 상상하고, 이미 된 것처럼 실제로 그 역할을 연기했다고 한다. 결국 그는 자신이 연기한 역할대로 되었다. 뇌가 펼치는 연극을 의식적으로 행위화한 결과다. 흔히 이미지 트레이닝 또는 비전 상상이라 불리는 이 방법은 이미 많은 사람들이 알고 있고, 실천하는 방법이다. 중요한 건 실제로 그걸 진짜 연기할 수 있느냐는 것이다. 배우로 치면, 성공한 사람은 연기 잘한다고 칭송받는 브레인 롤플레잉계의 국민배우 송강호, 이병헌, 최민식 정도인 것이다.

그런 상상 연기력은 '미래의 자신'이라는 타인을, 현재의 내가 마치 배역을 맡은 배우처럼 자주 반복 연습을 해본 결과다. '미래의 나'와 '현재의 나'가 자주 역할을 바꾸면서, 한 번도 경험한 적 없는 '미래의 나'와 '가상의 나'를 여러 번 경험한 셈이 된 것이다.

과거를 대본으로 삼아 자동으로 재생되는 브레인 롤플레잉의 '경험대본'을 원하는 대로 바꾸는 데 이보다 더 좋은 방법은 없다. 상상을 행위화 하는 '처럼 하는 나'는 '경험대본'을 각색하는 일이다. 이것은 단순히 배우의 역할을 넘어서, '잘되는 나'를 연출하는 브레인 롤플레잉의 연출가가 되는 일이다.

또 '그냥의 나' 역시 자동으로 연출되지 않는다. 의식적으로 상상해야 비로소 만날 수 있는 '연출 된 나'이다.

원하는 브레인 롤플레잉을 결정하는 연출력

'연출'이라는 말은 연극에서뿐만 아니라 거의 모든 일상 활동에서도 쓰이는 말이다. 아침에 일어나서 출근을 준비하며 화장하고, 머리를 하고, 옷을 입는 것도 일종의 '자기 연출'이다. 내가 어떤 학교에 가고, 어디에 취직할지, 무슨 일을 할지 진로를 결정하는 일도 연출이다. 또한 원하는 방향으로 사람이나 조직을 이끌어나가는 리더십 역시 연출의 일종이라고 할 수 있다.

일상에서 우리는 이미 수많은 연출을 하고 있다. 하지만 이를 '연출 행위'로 인식하고 신경을 쓰는 사람은 그리 많지 않다. 그리고 이런 연출을 의식하도록 권하는 것 또한 위험할 수 있다. 그 생각 자체만으로도 당신의 뇌는 온갖 상황을 시뮬레이션 하느라 쉽게 방전되고 말 것이기 때문이다.

조금만 준비하고 신경 쓰면, 더 나은 상황을 연출할 수 있는 순간들이 일상 곳곳에 존재한다. 예를 들어, 기차 화통을 삶아 먹은 것 같은 큰 목소리 때문에 '화를 자주 내는 사람'이라는 오해를 받는다면, 보이스 연출이 필요하다. 물론, 타고난 성향은 쉽게 바뀌지 않는다. 게다가 그런 연출을 의식하려는 순간, 말하는 것조차 부자연스러워져 오히려 더 안 좋은 상황이 연출될 수도 있다. 그렇다면 어떻게 해야 할까?

그럴 땐 모든 상황에서 연출하려 하지 말고, 딱 하나의 상황, 딱 한 사람과의 대화에서 보이스 톤을 바꿔보는 연출을 시도해 보자. 예를 들어, 기차 화통 보이스의 주인공이 나 팀장이라면, 팀원들과의 회의에서만큼은 자신의 목소리를 한 톤 낮춰 마치 속삭이듯 천천히 말해보는 것이다. 이조차 부자연스럽다면, 회의를 시작하는 10초 동안만 그렇게 말해 보는 것이다.

"자, 그럼 회의를 시작해 볼까요?
이번 주에 진행할 M 프로젝트부터 얘기해 봅시다."

첫마디만 평소보다 한 톤 낮춰, 천천히 차분하게 말해 보는 것이다. 이런 연출을 하려면, '레디! 액션!'과 같은 일종의 큐 사인을 뇌에게 보내 줘야 한다. 예를 들어, "첫마디만 톤다운, 그 다음엔 내 스타일로." 라는 혼잣말이 바로 그 신호 역할을 해 줄 수 있다. 일상의 10초라는 아주 작은 조각을 연출할 수 있다면, 그것이 성공한다면 뇌 속에 '경험대본'이 바뀔 수 있다. 그래서 회의 시간뿐만 아니라 점심 식사 자리에서도, 심지어 집에서 가족들로부터 "요즘 무슨 일 있어? 좀 차분해진 것 같아!"라는 말을 들을 수도 있다.

이처럼 나를 바꾸는 아주 작은 연출의 조각들이 점차 일상 전체로 확장될 수 있다.

연출은 자연스러운 행위가 아니다. 어떤 목표나 방향을 가지고 의도적이고 의식적으로 선택하고 결정한 행위이다. 연극, 영화, TV드라마, 예능을 보면 그 이해가 쉽다. 우리가 봤을 때 자연스럽고 우연히 일어난 일처럼 보이는 장면들조차 철저한 연출의 결과인 경우가 많다. 특히, 진짜 자연스러워 보이는 장면일수록 더 탄탄한 대본과 수많은 연습, 리허설, 그리고 많은 스태프들이 공들여 연출한 결과물인 경우가 많다. 그 덕분에 관객은 웃고, 울고, 진짜 감흥을 얻는다.

1순위 말고, 2순위

'나는 솔로'라는 TV예능 프로그램을 아는가? 워낙 인기 있는 프로그램이라 한 번쯤은 본 적이 있을 것이다. 이 프로그램은 일반인 남녀가 짝을 찾기 위해 5박6일 동안 합숙하며 데이트하는 형태로 진행된다. 그 안에서 출연자들이 진짜 호감을 느끼고 자연스럽게 데이트하는 장면은 연출이 아닐 수도 있다. 하지만 그 자연스러운 만남을 위한 다양한 이벤트들은 분명 의도적 연출이다. 그 의도적인 연출 중, 내가 가장 인상 깊게 본 데이트는 바로 '2순위 데이트'다.

> "오늘은 1순위가 아닌 2순위와 데이트 하겠습니다.
> 여러분들의 2순위를 선택해 주세요."

> '어? 난 지금 현숙이밖에 없는데….'
> '나도 2순위는 없어….'

현재 호감이 있는 이성이 단 한 명밖에 없는 출연자도 있다. 그런데 저 멘트 하나에 2순위에 대한 생각을 의도적으로 하게 된다. 덕분에 2순위가 없는 출연자들도 1순위를 제외한, 나머지 이성들 중에 조금이라도 마음이 가는 사람이 누군지를 고민하게 된다.

> '그나마 저 중에선 옥순이가 끌리는데….'

그런데 이런 예상치 못한 데이트로, 확실한 1순위가 있었던 출연자의 마음이 바뀌는 경우가 있다. 2순위가 1순위로 뒤바뀌는 경우가 있다.

'의외로 1순위인 현숙이보다 옥순이랑 더 잘 통하네. 괜찮네.'

의도적인 연출이 다른 결말을 만들어낸 것이다. 이는 출연자가 아닌, 연출가의 의도가 개입되어 만들어진 결과다. 2순위 데이트는 이 프로그램에서 자주 진행되는 메인 데이트가 아니라 어쩌다 하는 이벤트에 불과하다. 그렇다면 이제 우리는 출연자가 아닌 이 프로그램의 연출가가 되어 보자.

'만약 (내가 이 프로그램의 연출가)라면?
왜 이런 데이트를 추가했을까?'

이런 역할놀이 사고로 의식적 브레인 롤플레잉을 펼쳐보면, 이런 예측도 가능하다.

'왜냐하면 (시청자들은 '과연 누가 누구랑 짝이 될까?'를
계속 궁금해 해야 하는데, 이건 결과가 너무 빤하잖아!
안 되겠다. 판을 좀 흔들어야겠어!)'

이런 연애 예능 프로그램의 묘미는, 출연자들이 호감을 갖게 되는 이성이 계속 바뀌는 반전의 연속이 있어야 한다. 그리고 그렇게 바뀔 수밖에 없는 서사가 존재해야 한다. 그런 서사를 쌓아가면서 선택을 바꾸는 출연자가 자연스럽게 주인공 역할을 맡게 된다. 결국 최종 선택의 순간까지 그 주인공이 누구와 짝이 될지 예측할 수 없는 반전 연극이 펼쳐져

야 시청자들이 계속해서 다음 편을 기다리게 된다.

물론, 이건 진짜 연출가의 말이 아니라 내 뇌가 펼친 연극이다. 그래서 실제 의도와는 다를 수도 있다. 그럼에도 불구하고, '2순위 데이트'를 추가한 것은 자연스러운 연출이기보다는 무언가가 뒤바뀌는 극적인 상황 변화를 기대한 의도적 연출일 가능성이 높다.

중요한 점은, 이러한 작은 이벤트를 추가함으로써 최종 선택이 달라지는 나비효과를 볼 수 있다는 것이다. 때로는 일상의 불통 상황에서도 이런 작은 이벤트가 필요하다. 결코 바뀌지 않을 것 같던 타인과의 갈등이 내 작은 행동이나 한마디 말로 해결된다면, 그것은 일종의 극적인 연출이 될 수 있다. 이를 위해서는 모든 상황에서 보편적으로 적용할 수 있는 말과 행동을 바꾸려는 것이 아니라 바꾸고 싶은 특정 상황을 구체적으로 딱 하나만 선택해야 한다. 그 상황에서 내가 바꿀 수 있는 것과 없는 것을 명확히 구분한 후, 내가 바꿀 수 있는 것 중에서 하나만 선택해 실제로 바꾸려는 의식적인 노력이 필요하다.

'연출력 : 특정 상황에서 내가 선택한 연극을 펼쳐볼 수 있는 상상 능력'

이것은 브레인 롤플레잉을 바꾸는 작업이므로, 상상력을 바꾸는 과정이라고 할 수 있다. 이를 통해 일상 속 특정 상황을 바꿔 보는 일종의 '이벤트 같은 연출'이다.

여기서 중요한 점은 모든 사람을 공감하거나 상황 전체를 바꾸려는 것이 아니라 특정한 사람과 특정 상황을 선택하는 것이다. 특히, 그 상황을 작게 조각내어 그 안에서 할 수 있는 구체적인 행동 하나를 선택하는 것이 이 연출의 핵심이다.

드라마에서 전체 스토리를 바꾸는 각색 작업이 아니라 단 한 줄의 대사나 지문을 바꾸는 일과 같다고 할 수 있다.

선 긋고 혼잣말 바꾸기로 반전 연출하기

우리 일상에도 마치 TV 드라마의 재방송 같은 상황이 있다. 모든 순간을 계획하고, 준비하고, 의도적으로 연출할 순 없지만, 비슷한 사람과 비슷한 상황이 내게 반복적으로 일어난다면, 그것은 연출이 필요하다. 그때가 바로 앞장에서 언급한 '이벤트 같은 연출'이 필요한 상황이다.

내가 원하는 재방송이라면, 당연히 바꿀 이유가 없다. 내가 멈추고 싶은데, 자꾸 도돌이표 되는 상황은 변화가 필요하다.

재방송 멈추기

원치 않는 도돌이표 같은 상황을 '재방송'이라고 부르고, 그것을 멈출 방법을 찾아보자.

〈재방송 상황 예시〉

나 팀장이 "제발 내가 말할 때 말 좀 자르지 마!" 라고 반복해서 말하는데도,
안 대리는 매번 비슷한 상황에서 그의 말을 자르고 자신의 의견을 말한다.
나 팀장은 그 상황을 멈추고 싶다.

나 팀장이 앞의 상황을 멈추고 싶다고 했기 때문에, 저것은 '재방송 상황'이다. 이 재방송을 멈추려면, 둘 중 한 명이 그 상황에서 다른 연기를 펼쳐야 한다. 여기서 상황을 바꾸고 싶은 사람은 나 팀장이다. 그렇기 때문에 그 상황의 리더이자 연출가는 나 팀장이 된다. 나 팀장이 뭔가를 바꿔야 한다.

Q. 나 팀장의 혼잣말 : "누가 리더, 연출가지?"

A (나 팀장)	B (안 대리)

제3자인 우리는 이렇게 쉽게 말할 수 있다. 이것이 나 팀장의 내면에서 나오는 건 쉽지 않다. 참고로, 지금 하고 있는 것이 바로 선 긋고 혼잣말 바꾸기다. 이것을 내가 아닌 나 팀장이 머릿속으로 하고 있다면, 그렇다는 것이다.

Q. 저런 상황에서 나 팀장은 속으로 어떤 혼잣말을 할까?

A (쟤, 왜 저래?)	B (내가 리더다. 내가 바뀌어야 한다.)

아마, A일 것이다. 그런 혼잣말이 B로 바뀐다면? 다른 상황이 펼쳐질 수도 있다. 그것이 바로 드라마틱한 상황일 것이다. A와 B는 반전 대사다. 일상에서 상황을 바꾸는 반전을 원한다면 무언가 반전이 있어야 한다. 반전은 연극이나 드라마에서 반드시 있어야 하는 것이다.

일상에서 반전은 가끔 있지만, 없는 경우가 훨씬 많다. 저 상황이 재방송이란 건 그런 반전이 없었기 때문일 것이다. 그런데 지금 나 팀장은 저 상황을 바꾸고 싶은 마음이 있다. 그렇기 때문에 저 상황은 반전이 일어날 가능성이 높다. 그런데 그런 반전을 연출을 하려면, 저 상황을 단순한 일상으로 보지 말고, 연극을 연출하듯 바라봐야 한다. 그래야 반전이 일어나지 않을까?

반전연극 연출하기

나 팀장은 저 상황을 일상이 아닌, 연극으로 취급해야 한다. 그렇다면, 일상과 연극의 가장 큰 차이는 뭘까? 일상은 준비하고 연출해서 일어나는 일도 있지만 대부분 즉흥적으로 일어나고 반응한다. 반면, 연극공연은 즉흥극인 경우가 거의 없다. 반드시 사전 연습(리허설) 기간과 공연(실제 상황)이 있다.

일상에서 원하는 연출이 일어나지 않는 건, 연습과 공연의 경계가 없기 때문이다. 일상에서도 우연이 아닌 의도적인 결과를 원할 땐, 당사자가 의식할지는 모르지만 대부분 이 두 가지가 존재한다. 연습과 공연, 이두 가지만 명확히 구분해도 기존과는 다른 연출이 가능하다.

연습	공연

연습은 실제 상황에서 어떻게 반응할지를 고민하며 다양한 선택지를

시뮬레이션 해보는 과정이고, 공연은 재방송 상황이 닥쳤을 때 연습한 대로 실행하는 것이다. 많은 사람들이 연출에 실패하는 이유는, 연습 단계에서 해야 할 고민을 공연 순간에 하고 있기 때문이다. 특히, 연습 때 할 일과 공연 때 할 일을 명확히 구분해야 하는 이유는, 각 단계에서 필요한 두뇌의 공감 시스템이 다르게 작동하기 때문이다.

나 팀장이 재방송을 끊고 싶다면, 안 대리가 왜 내 말을 듣지 않고 매번 말을 자르는지를 한번 곰곰이 생각해 봐야 한다. 이것은 연습과 공연 둘 중 언제 해야 하는 일인가? 선 긋기만 해도 쉽게 답이 보인다. 바로 연습 때 할 일이다.

"왜(Why) 안 대리는 자꾸 내 말을 자르는 걸까?"

이런 물음은 어떤 두뇌 시스템을 활성화시키는가? 바로 '심리화 시스템'이다. 이 시스템은 타인의 의도와 감정을 깊이 헤아리고, 다양한 상황을 시뮬레이션하게 만들기 때문에 많은 에너지가 필요하다. 공연(실제 상황)에서도 물론 필요하지만 연습에서 활성화되어야 효과적이다.

왜냐하면 저 재방송 상황에서 나 팀장의 감정 상태가 어떤지를 생각해 보면 그 이유를 쉽게 알 수 있다. 그는 자신의 말을 자르고 말하는 안 대리 때문에 감정이 상한 상태, 즉 쫄면 상태일 가능성이 높다. 그때 심리화 시스템은 잘 활성화되지 않는다고 하지 않았던가? 그러다 보니 저런 물음이 내면으로부터 올라왔을 때 주로 이런 답변이 나올 가능성이 높다.

'왜냐하면 안 대리는 (고집이 세고 자기 의견을 강하게 주장하는) 사람이니까.'

이 판단이 맞을 수도 있다. 그러나 이렇게 결론을 내려버리면, 나 팀장인 나는 저 상황을 다르게 연출할 힘이 없다. 상대가 고집을 부리지 말아야 상황이 바뀌는데, 그렇게 해 줬다면 애초에 재방송 자체가 일어나지 않았을 테니 말이다. 또한 공연(재방송 상황)에서, 그것도 쫄면 상태에서 저렇게 심리화 시스템을 활성화시키면, 에너지가 없어 감정을 더 컨트롤하지 못하는 상태에 빠질 수도 있다.

그런데, 연습에서 이 심리화 시스템이 활성화되면 어떨까? 이미 그 재방송 상황에서 벗어났기 때문에, 비교적 쉽게 관객 모드로 전환할 수 있다. 쫄면 상태가 아니기 때문에 심리화 시스템을 좀 더 효과적으로 활용할 수 있을 것이다.

'혹시 내가 말을 너무 길게 하나?'
'내 말투가 너무 단호하고 강압적인가?'
'나 역시 안 대리의 말을 자르진 않았나?'
"안 대리가 내 말을 자르면서까지 전하고 싶었던 진심은 뭐였을까?"

그리고는 거울 시스템을 활성화시켜, 내가 이렇게 말하고 행동하거나 태도를 보였을 때 안 대리가 어떤 반응을 보일지 생생하게 상상하는 것으로 안 대리의 심정을 느껴볼 수도 있다.

'그렇다면 나는 똑같은 상황이 발생했을 때,

어떻게(How) 하면 좋을까?'

연습에서 내 말투가 너무 단호하고 강압적이었다라고 느꼈다면, 다음 번 공연(실제 상황)에서 어떤 말과 행동을 하면 좋을지 딱 하나의 지문 혹은 대사를 준비하고 그것만 바꿔보는 것이다. 또한 전체 공연을 바꾸고 싶어도 나 혼자서는 그렇게 할 수 없다는 것을 알고, 그 마음의 준비도 해야 한다. 내가 예상했던 반응이 나오지 않는 것을 기본값으로 삼아야 한다. 왜냐하면 이건 내 뇌가 펼치는 연극이기 때문에 안 대리가 그대로 따라준다는 보장이 없다. 그렇기 때문에 내가 할 수 있는 단 하나만 바꿔 공연의 물꼬 방향을 틀어보는 것이 목표일 뿐 전체 공연을 바꾸는 것이 아님을 인식해야 한다. 그로 인해 드라마틱하게 다른 전개가 펼쳐진다면, '이벤트 같은 연출'은 성공할 확률이 높아진다.

지문 : (안 대리 말을 끊지 않고 들어주며)

대사 : "나도 안 대리 의견을 먼저 듣고 싶은데,

이 부분은 내가 먼저 설명해야 의견을 주고받을 수 있어."

이 대사는 실제로 안 대리에게 하는 말일 수도 있지만, 혼잣말이어도 괜찮다. 중요한 것은 속으로 그 말을 하며 나 팀장인 당신이 이 상황이 반복되는 장면임을 깨닫는 것이다. 그렇게 인식하면, 이전보다 더 차분한 감정으로 상황에 대응할 수 있다.

지금까지 한 것이 바로 '선 긋기'와 '혼잣말 바꾸기'이다.

선 긋고 혼잣말 바꾸기 연출법

선 긋기

선 긋기는 머릿속 무대 공간을 만들기 위한 것이며, 재방송 상황 속에서 명료한 의사결정을 돕는 도구다. 앞서 선을 긋고 연습과 공연 두 가지로 나눠본 것이 그것이다. 실제 펜과 종이를 이용해 선을 긋고 글을 써보는 것도 '선 긋기'라고 할 수 있지만, 그것은 연습용으로 두고, 실제 상황에서는 머릿속에서 선을 그어보는, 일종의 상상 선긋기를 해보기 바란다.

연습용으로 하는 선 긋기도 가능하다면, 종이와 펜 같은 도구 없이 머릿속으로 해보는 것이 좋다. 여유 있게 책상에 앉아 이런 선 긋기를 하는 게 어려울 수 있기 때문이다. 특히, 바쁜 직장인이라면 출퇴근 중 지하철이나 운전을 하면서 할 수 있도록 한다.

그런데 선 긋기는 머릿속으로 하는 일종의 브레인 롤플레잉이기 때문에 경험대본이 있으면 그 상상이 훨씬 쉬워진다. 이런 경험대본을 만드는 행위화 연습은 상상으로만 하는 것이 아닌 진짜 행동으로 연습을 해보도록 권한다.

또한 단 하나의 선을 긋는 것이 기본이지만, 감정과 관점을 바꾸는 선 긋기는 조금 더 많은 개수의 선이 필요하다. 그 모양과 내용도 사전에

봐둬야 한다. 이렇게 몇 가지를 연습하고 알아두면, 이후에는 장소나 상황에 구애받지 않고 언제든지 머릿속으로 선 긋기를 할 수 있을 것이다.

'선 긋기 : 의도적 브레인 롤플레잉을 펼칠 공간 만들기'

선 긋기를 위한 사전 연습

공연(재방송 상황)에서 머릿속으로 선 긋기를 하려면, 다음과 같은 사전 연습(리허설)이 필요하다. 이 연습은 되도록 혼자 있을 때 하길 권한다. 왜냐하면, 실제 사람들 앞에서 이런 행동을 하면, 이상한 사람 취급을 받을 것이기 때문이다.

그렇다고 진짜 이상한 행동을 하는 게 아니니 안심하라. 그냥 오른손을 머리 위로 높이 들고, 아래로 내리며 허공에 크게 가상의 선을 그어보는 것이다. 지금 혼자라면 즉시 해보길 바란다. 여러 번, 위에서 아래로 손을 내리며 하나의 선을 긋다 보면, 그 선이 보일 것이다. 선이 분명하게 보이는 순간, '선 긋기 상상 능력'을 갖추게 된다.

"어떻게 보이지 않는 선을 볼 수 있냐?" 라고 반문할 수 있다. 정확히 말하자면 보는 것이 아닌 믿는 것이다. 1장에서 예측기계인 뇌는 보는 것을 믿는 게 아니라 믿는 것을 본다고 하지 않았던가?

실제로 동물이나 기계라면 이렇게 존재하지 않는 가상의 선을 볼 수 없다. 오직 상상 능력을 가진 우리 인간만이 존재한다고 믿으면, 보이지 않는 것도 볼 수 있는 능력을 가졌다. 다음 그림을 보라.

카니자 삼각형

삼각형이 한 개가 보이는가? 아니면 두 개가 보이는가? 혹은 한 개도 보이지 않는가? 아마 한 개도 보이지 않는 경우는 드물 것이다. 당신은 역삼각형 1개와 그것을 가리고 있는 하얀 삼각형 이렇게 2개를 발견했을지 모른다.

그런데 실제로 저 그림에서 삼각형은 존재하지 않는다. 하얗게 보이는 부분이 삼각형처럼 보이지만 사실, 삼각형으로서의 윤곽선이 없다. 그래서 실제로 존재하지 않는 것일 수 있다. 그렇게 보면, 그나마 윤곽선이 있다고 믿었던 역삼각형마저도 존재하지 않는 것이 된다. 그냥 V표 모양의 선 3개와 피자 한 판에서 한 조각 떼어낸 것 같은 모양의 검은 도형 3개만 존재한다고 볼 수 있다.

내가 이런 설명을 했음에도 불구하고, 아직도 삼각형 2개가 보일 수 있다. 이것은 실제로 존재하지 않는 삼각형이 보이도록 착시를 일으키는 '카니자 삼각형(Kanizsa Triangle)'이다. 주로 뇌의 착시 효과를 설명할 때 예시로 쓰이는 도형이다.[14]

---

14. 그레고리 번스, 『나라는 착각』(2024), 77~76쪽.

저 그림 하나 만으로도 우리 뇌가 예측기계라는 것을 설명할 수 있다. 보는 그대로를 믿는 게 아니라 내가 있다고 믿는 것을 예측해서 본다. 이는 예전에 우리가 삼각형 모양을 본 '경험대본'이 있기 때문에 볼 수 있는 것이다. 삼각형이 뭔지 본 적이 없고, 그래서 알지 못하면 저 보이지 않는 삼각형을 진짜 볼 수 없다.

이 선을 긋는 행위화를 미리 연습해 두라고 한 이유는 이런 '경험대본'을 만들기 위함이다. 지금 당신이 직접 손으로 선을 긋는 행위를 했는지 나는 알 수 없지만 그 행위를 했다면, 그것은 상상이 아닌 경험이 된다. 그래서 그 경험은 실제 상황이나 재방송 상황에서, 머릿속으로 선을 긋는 상상을 할 때 자연스럽게 떠오르며, 그 상상을 한층 쉽게 만들어줄 것이다.

"선 긋기!"

속으로 이런 혼잣말을 하면 당신의 머릿속에 선을 긋는 행위화 이미지가 바로 떠오를 것이다. 그렇다. 이것은 2장에서 했던 '가시화 작업'이다.

물론 연습에서 이렇게 종이 위에 있는 선 이미지를 직접 눈으로 보는 것도 괜찮다. 직접 종이에 펜으로 선을 그어 보는 행위 역시 좋은 경험대본이 될 수 있다. 다 좋지만, 좀 더 연극적인 방식으로 놀이를 하듯 하려면 아무런 도구 없이 행동으로 연습하고 실전에서는 머릿속으로 그 이미지를 떠올리는 연습을 추천한다.

"선 긋기"

실제 상황에서 속으로 이런 혼잣말을 할 때 손으로 그은 선, 눈으로 본 선, 직접 종이에 그린 선 중 하나를 떠올리는 것이다. 출퇴근을 하는 지하철이나 버스, 자동차, 심지어 업무를 볼 때, 사람들과 대화를 나눌 때에도 선 긋기가 필요한 상황이라면, 머릿속으로 즉시 선 긋기가 가능하다.

혼잣말 바꾸기

혼잣말 바꾸기는 내면의 대사를 수정하는 과정이다. 여기서 말하는 혼잣말은 주로 속으로 하는 혼잣말이나, 혼자 있을 때 하는 혼잣말을 의미한다. 물론, 혼잣말을 소리 내서 하는 사람도 많다. 길거리에서 누군가 끊임없이 혼잣말을 하면, 우리는 종종 그를 이상한 사람으로 여기기도 한다.

그러나 여기서 말하는 혼잣말은 그런 것이 아니다. 속으로 하는 혼잣말을 의식하면, 자신의 생각과 감정을 더 쉽게 읽고 헤아릴 수 있다. 우리는 생각을 언어로 표현하기 때문에, 이 혼잣말을 의식하는 과정은 자연스럽게 내면의 인식을 돕는 도구가 된다. 그리고 이러한 혼잣말을 바꾸면 생각의 방향을 틀 수 있고, 머릿속에서 재방송되는 상황도 바꿀 수 있다.

혼잣말은 자기 자신과의 대화이며, 연극으로 비유하면 대본 속 대사에 해당한다. 이는 브레인 롤플레잉에서 지문이나 대사를 바꾸는 것과 같다.

내 감정과 관점을 바꾸는 가장 손쉬운 방법은 특정 상황에서 내가 속으로 하는 혼잣말을 인식하고 조정하는 것이다. 결국 표현은 내면에서 비롯되기 때문이다. 경험대본을 바꾸려면 경험 자체를 변화시키거나 내면의 대사를 수정해야 하며, 이를 통해 우리는 새로운 브레인 롤플레잉을 펼칠 수 있다. 결국 그것이 실제 상황에서도 나타날 수 있다.

'혼잣말 바꾸기 : 속으로 하는 내면의 대사를 바꾸기'

혼잣말 바꾸기로 '내면 대사' 수정하기

'혼잣말 바꾸기'는 단순히 배우로서 감정을 표현하는 것이 아니라 연출가이자 작가로서 내면의 대사를 수정하는 작업이다. 우리는 무의식적으로 반복하는 말, 즉 내면의 유행어를 가지고 있다. 주변을 보면 각자가 자주 사용하는 특정 표현이 있듯이, 우리 역시 마음속에서 끊임없이 반복하는 혼잣말이 있다.

같은 대사로 채워진 경험대본을 가지고서는 새로운 전개를 만들 수 없다. 따라서 자기 자신과의 대화를 구성하는 대사를 수정하는 것은 필수적이다. 그리고 이러한 변화는 자연스럽게 타인과의 대화에도 영향을 미친다. 특정한 사람을 볼 때마다 자동으로 떠오르는 혼잣말을 의식적으로 수정해 본다면, 대화의 흐름도 달라질 것이다. 특히, 반복적으로 하는 부정적 혼잣말은 원치 않는 재방송 상황을 지속시키는 브레인 롤플레잉의 핵심 원인이 될 수 있다.

이러한 브레인 롤플레잉을 의도적으로 수정하는 것은 상상을 바꾸는 과정과 같다. 상상은 언어로 조정되기 때문에, 원하는 브레인 롤플레잉을 만들기 위해서는 먼저 재방송처럼 반복되는 원치 않는 상황이나 패턴을 찾아야 한다. 그것이 상상이든 실제 상황이든, 우리가 똑같은 연극을 반복하게 만드는 경험대본이 무엇인지 인식하는 것이 중요하다. 단한 줄의 대사라도 바꾼다면, 새로운 연극이 펼쳐질 수 있다.

또한 혼잣말 바꾸기는 셀프 세뇌라고도 할 수 있다. 반복적인 자기 암시를 통해 스스로를 세뇌하는 과정이기도 하다. 보통 '세뇌'라는 말은 부정적으로 들리지만, 이를 긍정적으로 해석하면 '내면의 유행어를 바꾸는 과정'이라 할 수 있다. 우리는 외부의 영향뿐만 아니라 스스로의 혼잣말을 통해서도 자신의 생각, 태도, 신념을 변화시킬 수 있다.

따라서 부정적 자기 암시를 의식하고 이를 수정하는 것이 중요하다. 우리 삶에는 예상치 못한 돌발 상황도 있지만, 반복되는 패턴의 소통 상황도 많다. 공감을 연출한다는 것은 이런 반복되는 상황 속에서 나의 습관적 반응을 인지하고 원하는 방향으로 조정하는 것이다. 타인과의 상호 소통을 바꾸는 일은 어려울 수 있지만, 자기 자신과의 소통을 바꾸는 일은 비교적 쉽다. 내면 대화를 조정함으로써 타인과의 소통을 변화시키는 혼잣말 바꾸기는 '상호 공감'이라는 종착지로 향하는 출발점이라고 할 수 있다.

'내면 대사'를 바꾸는 극단적 선 긋기

선 긋기는 여러 개를 그을 수도 있지만 기본은 단 하나의 선을 긋는 것이다. 선을 하나 긋는 순간, 두 개의 공간이 생긴다. 따라서 선택지가 하나뿐이거나 너무 많아 생각의 방향을 잡기 어려울 때, 머릿속으로 선을 긋고 두 공간을 채운 후 하나를 선택하면 명료하게 생각을 정리할 수 있다. 또한 선 긋기를 통해 가시화하면 관점을 극단적으로 정리하기 쉬워진다. A와 B에 서로 반대되는 개념을 배치하는 것만으로도 대조가 극대화된다.

이렇게 극단적인 대비를 설정하는 과정에서 우리는 평범한 관점이 아닌 연극적 관점을 갖게 된다. 왜냐하면 '극단적'이라는 말은 다르게 표현하면 '극적(Dramatic)'이기 때문이다. 재방송 연출에서 우리가 목표로 하는 것은 반전 연출이다. 그리고 선 긋기와 혼잣말 바꾸기는 이러한 반전 연출을 가능하게 한다.

실제로 우리가 보는 연극, 영화, 드라마의 스토리는 모두 극단적이다. 선 긋기로 보면 쉽게 이해할 수 있다. 먼저, A에 '거지'라고 쓴다면, B에는 뭐라고 써야 할까? 극단적인 단어를 써야 하니, 반대말을 쓰면 된다. 그렇기 때문에 B에는 '부자'라고 쓰면 된다.

A. (거지)	B. (부자)

이렇게 되면 뚝딱 연극, 영화, 드라마의 스토리가 만들어진다. 모든 드

라마와 연극은 주인공이 A인 상태에서 B로 전환되거나, B인 상태에서 A로 바뀌는 과정의 이야기를 담는다. A에 '전쟁'이라고 쓰면, B에는 '평화'라고 쓰면 될 것이다. 그런 스토리의 영화는 〈쉰들러 리스트〉나 〈라이언 일병 구하기〉가 있을 것이다. 승자에서 패자로, 못난이에서 예쁜이로, 삶에서 죽음이라는 극단적인 결말을 향해 가는 것이 바로 연극의 스토리다.

이런 극단적인 선 긋기를 활용해 혼잣말을 바꾸면, 그것이 바로 '내면 대사'를 바꾸는 일이 된다. 그 대사 한 줄이 바뀌면, 경험대본이 미세하게 각색되는 효과를 볼 수 있다. 이 작은 변화가 결국 큰 전환점을 만들어내며, 우리가 경험하는 상황이나 반응을 새롭게 재구성할 수 있게 된다.

속으로 하는 혼잣말을 바꾸기 위해서는 그 혼잣말을 의식하는 것이 중요하다. 만약 "답답해!"라는 내면 대사가 들렸다면 그것을 알아차리고, 이제 어떻게 해야 할까를 머릿속으로 상상해야 한다.

만약 혼자 있다면, 실제로 손을 위에서 아래로 내려 선을 긋고, A에 해당하는 허공에 큰 원을 그려본 뒤, B에 해당하는 허공에 또 다른 큰 원을 그려본다. A 공간에는 "답답해!"라는 나의 혼잣말을 넣고, B 공간을 채운다. 무엇으로 채운다고 했는가? 반대말을 쓰면 된다. "답답해"의 반대말은 "시원해"다.

하지만 내가 어떤 상황 때문에 답답한 것이라면, 그 해소를 바라는 마음이 있을 것이다. 그렇다면 "괜찮아" 혹은 "나쁘지 않아!"라는 말로 바꾸는 것도 좋은 방법이다. 이렇게 내면 대사를 바꾸는 것만으로도, 그 상황에 대한 감정의 반응이 달라지고, 새로운 전환이 시작될 수 있다.

A. ("답답해!")	B. ( )

이외에도 나 또는 타인에게 내가 부여한 부적절한 역할을 바꿔볼 수도 있다. 극단적이거나 아니면 극적으로 바꿔보고 싶은 무엇이든, 선 긋기와 혼잣말 바꾸기를 활용하여 변화를 시도할 수 있다. 이러한 방식으로 내면의 대사나 역할을 수정함으로써, 그동안 반복되어온 고정된 패턴에서 벗어나 새로운 관점과 반응을 만들어낼 수 있다. 극단적인 선 긋기와 혼잣말 바꾸기는 내가 경험하는 감정이나 반응을 다시 쓸 수 있는 손쉬운 도구다.

A. (멍청이)	B. ( )

A. (왜 저래?)	B. (그럴 수도 있지!)

〈내면 대사〉를 바꾸는 수식어 붙이기

극적인 선 긋기가 반대말을 쓰는 방식이라면, 내면 대사를 바꾸는 또다른 방법은 수식어를 붙이는 것이다. 우리는 종종 무의식적으로 자신이나 타인에게 특정 수식어를 붙인다. 이 자동적인 수식어를 떼어내고,

그 자리에 새로운 수식어를 넣거나 혹은 비워두는 것을 통해 그 역할을 긍정적으로 보거나 있는 그대로 바라볼 수 있다.

예를 들어, B에 해당하는 인물을 놓고, 선을 넘은 A에는 내가 무의식적으로 부여한 역할 수식어를 적어본다.

A. (　　)	B. (안 대리)

만약 이 활동을 진행하는 사람이 '나 팀장'이라면, 나 팀장은 안 대리에게 어떤 수식어를 붙였는지 기억하는가?

A. (말귀 못 알아먹는)	B. (안 대리)

이러한 수식어로 인해 나 팀장은 자신도 모르게 안 대리가 하는 말과 행동을 더 부정적으로 인식했을지도 모른다. 수식어는 바꾸는 것뿐만 아니라 비워두는 것도 좋은 방법이다.

예를 들어, '일 잘하는' 장 대리를 '고마운' 장 대리로, '전문가' 김 과장을 '열정적인' 김 과장으로, '좀비' 이 과장을 '끊임없이 배우는' 이 과장으로 바꾸는 것이다.

이렇게 수식어를 바꾸면 그 사람을 보는 시각도 달라지고, 기대와 평가도 달라진다.

자기 자신에게도 똑같은 방식을 적용해 수식어를 바꿔본다면, 이를 조금 과장해 '브랜딩' 작업이라고 할 수 있다. 정확히 말하면, 자기 자신을 재정의 하는 작업이 된다.

예를 들어, 자신을 '게으른 사람'이 아니라 '계속해서 개선하려는 사람'으로 바꿔보는 것이다. 이 작은 변화는 자기 인식뿐만 아니라, 타인이 나를 어떻게 인식하길 바라는지를 결정하고 연출하는 '자기 연출'이 되기도 한다.

'심리적 공간'을 만드는 선 긋기

역할을 바꾸려면 공간이 필요하다. 이 공간은 물리적 공간일 수도 있고, 심리적 공간일 수도 있다. 중요한 점은 자기 자신을 챙기고, 공감할 수 있는 시간과 공간을 확보하는 것이다.

그러나 많은 사람들은 시간이 없거나 공간이 부족한 경우가 많다. 실제로 공감이 안 되는 이유는 공감능력이 부족해서가 아니라 그 능력을 발휘할 시간과 공간이 없기 때문이다. 마치 연극에서 연습할 공간이나 무대가 없는 것과 같다.

"선택의 여지가 없다"는 말은 빠른 의사결정을 유도할 수 있지만, 동시에 우리의 마음을 쉽게 '쫄면 상태'로 몰아넣는다. 또한 선택지가 정해져 있다고 느끼면 우리는 다양한 선택을 할 수 있다는 사실을 잊어버리기 쉽다. 지금까지 선 긋기를 통해 혼잣말을 채우는 활동을 했다면, 이제는 그 반대 효과를 얻기 위한 연출이 필요하다.

우리는 반드시 둘 중 하나를 선택해야 할 필요도, 빠르게 결정을 내려야 할 필요도 없는 경우가 많다. 특히, 공감이 안 될 때는 표현 방법을 몰라서가 아니라 마음의 여유가 없어서 심리화 시스템이 제대로 활성화되지 않을 때다. 그럴 때 필요한 것은 여유를 만드는 것이다.

심리적 공간은 감정과 사고를 펼칠 수 있는 내면의 여유를 의미한다. 이 공간이 있어야 머릿속에서 나 아닌 타인이 되어보는 상상을 하고, 역할을 바꿔보며, 최소관객으로서 나 자신을 관람하는 등의 의식적 브레인 롤플레잉을 할 수 있다.

그렇다면 심리적 공간을 어떻게 만들 수 있을까? 사실 물리적 공간과 시간이 확보되면 심리적 공간도 자연스럽게 형성된다. 물론 그렇다고 해도 반드시 심리적 여유가 생기는 것은 아니지만 물리적 환경이 중요한 역할을 하는 것은 분명하다.

우선 물리적 공간과 시간, 심리적 공간을 모두 같은 개념으로 바라보자. 내가 혼자 편히 쉴 수 있고 집중할 수 있는 넓은 서재나 거실이 있는 경우와 물건으로 가득 들어찬 좁은 방에 있는 경우는 전혀 다른 느낌을 준다. 일반적으로 물리적 공간이 넓거나 내가 원하는 방식으로 활용할 수 있는 시간적 여유가 많을수록 심리적 공간도 넓어질 가능성이 크다.

하지만 이것이 절대 법칙은 아니다. 만약 시간적 여유도 없고, 편히 쉴 수 있는 공간도 없다면, 우리는 뇌를 속일 필요가 있다.

예를 들어, 넓은 서재나 거실이 없어도 베란다에 작은 캠핑 의자 하나를 두고, 그곳을 '나만의 공간'이라고 믿으면 그 의자에 앉았을 때 심리적 여유가 생길 수 있다. 심지어 그런 물리적 공간도 없을 경우, 시간을 공간처럼 여기고 '30분 동안은 나를 위한 시간'이라고 정하면 그것이 심리적 공간이 될 수 있다.

그러나 여기서 강조하고 싶은 것은 물리적, 시간적 여유조차 없을 때 사용할 수 있는 또 다른 방법이다. 바로 상상을 활용하여 뇌를 속이는 것이다. 우리가 앞서 진행했던 선 긋기와 혼잣말 바꾸기 방법 그대로 그것을 할 수 있다. 앞장에서 다루었던 공감괄호 효과와 같은 것이다. 선 긋기를 하고 빈 괄호를 쳐놓고 여지를 두는 것이다. 종이에 펜으로 하면 좋지만 선 긋기 훈련이 되어 있다면, 상상으로 하면 된다.

빈 괄호 효과

A. (Q. 나는 뭘 하고 싶지?)	B. ( )

현재 나는 직장인이다. 그런데 다른 일을 하고 싶다고 가정해 보자. 이럴 때 A에는 질문을 두고, B는 그냥 빈 공간으로 남겨둔다. 단, 이것을 이미지화 해야 한다. 즉 여지를 만들어 두는 것이다.

"그래, 나에게는 여지가 있어!"

현재는 바쁜 직장인으로서 그 역할이 차지하는 비중이 높지만, 그런 나에게 이러한 이미지화로 여지를 선물하는 것이다. 빈 공간을 억지로 채우려고 하지 않고 그냥 두고 보는 것이다.

이는 역할극에서 사용하는 빈 의자 기법으로부터 착안한 원리다.

"이 천을 목에 두르면 사장 역할이 되는 겁니다.
사장의 눈으로 팀장을 바라보세요."

"두 사람이 자리를 바꾸면 역할이 바뀌는 겁니다."

"그 의자에서 일어나면, 팀장 역할에서 벗어나는 겁니다."

"그 의자에 앉으면, 관객이 되는 겁니다."

역할극 교육에서는 말 한마디와 간단한 도구들만으로도 쉽게 타인이 되어보고, 역할을 바꾸며 무대 공간을 만들 수 있다. 가장 많이 사용하는 도구가 천과 의자다. 의자 하나만 있어도 새로운 공간을 만들 수 있고, 타인의 역할을 체험해 볼 수 있다. 빈 의자를 하나 놓고, 거기에 누가 있는지 상상해 볼 수도 있다. 미래의 나, 20대의 나, 혹은 내가 이해하기 힘든 누군가를 떠올려 볼 수도 있다. 이런 상상력을 활용하면 빈 괄호 역시 빈 의자 효과를 발휘할 수 있다.

이 방법은 새로운 역할을 찾는 도구로도 활용할 수 있다. 앞 장에서 했던, '처럼 하는 나'라는 역할을 찾는 데 활용할 수도 있다. 빈 괄호를 보면서 여지를 남겨둠으로써, 나의 가능성을 확장하는 것이다. '처럼 하는 나'는 대체 어떤 나일지 빈 괄호를 보면서 여지를 두는 것이다.

A. ( )	B. (처럼 하는 나)

또한 도무지 이해할 수 없는 특정 인물을 떠올릴 때도 빈 괄호를 사용할 수 있다.

A. ( )	B. (이 과장)

'내가 좀비처럼 여겼던 이 과장은 어떤 사람일까?'

'진짜 그는 아무 의욕이 없는 사람일까?'

'내가 모르는 그의 이면에는 어떤 모습이 있을까?'

이처럼 빈 공간을 마련해 두면, 억지로 질문을 만들지 않아도 자연스럽게 생각이 확장된다. 심리적 공간은 반드시 넓을 필요가 없다. 마치 운동장처럼 넓은 공간이 있다고 해도, 활용하지 않으면 아무 의미가 없는 것과 같다.

심리적 공간을 방처럼 생각하지 말고, 빈 의자로 생각하라. 빈 괄호로 생각하라. 넓지 않아도 충분히 유용하다. 비좁은 방에 있더라도 의자 하나만 있으면 심리적 공간을 만들 수 있다. 중요한 것은, 그 공간을 실제로 활용하는가의 문제다.

물론, 물리적 공간이나 시간이 확보되는 것이 가장 이상적이다. 하지만 현실적으로 어려운 경우, 자신이 놓여 있는 환경에 맞게 그 공간을 마련하는 것이 필요하다.

물리적이든 심리적이든 자신과 타인을 헤아려 볼 수 있는 공간을 만드는 것 자체가 공감능력을 확장하는 과정이 된다. 빈 괄호가 그런 생각의 틀을 열어두는 효과를 준다.

'감정'을 바꾸는 선 긋기

감정 조절과 표현, 즉 감정을 다루는 것이 어려운 이유는 무엇일까?

여러 가지 이유가 있겠지만, 가장 큰 이유는 감정은 눈에 보이지 않기 때문이다. 그렇기 때문에 2장에서 다룬 관점 가시화처럼 감정도 가시화 작업이 필요하다.

많은 전문가들이 자신과 타인의 감정을 공감하는 방법으로 감정을 언어화 하라고 권한다. 감정에 '이름표'를 붙이거나 '꼬리표'를 달아 언어로 표현해 보는 것이다. 이것이 바로 대표적인 감정 가시화 작업이다. 내가 어떤 감정을 느끼고 있는지 모를 때, 감정을 측정해 보는 방법으로 감정 카드와 같은 도구를 활용하는 것도 가시화 작업이다.

감정 카드는 다양한 감정 단어들이 나열돼 있어, 그 중에서 지금 내 상태에 해당하는 감정을 찾아볼 수 있도록 돕는다. 이를 통해 우리는 감정을 인식하고, 그 감정이 무엇인지 알 수 있다. 정확히 말하자면, 그 감정이 내 감정이라는 착각을 일으킨다. 왜냐하면, 감정은 개인적인 경험과 문화에 의해 형성되는 것이기 때문이다.

나미비아의 함바족은 '기쁨' 대신 '웃는', '두려움' 대신 '바라보는'과 같이 기본 감정을 행동으로 받아들인다고 한다. 즉 감정은 문화와 개인에 따라 다양하게 표현될 수 있는, 뇌에서 구성된 개념이며,[15] 이 역시 브레인 롤플레잉의 한 예일 수 있다. 눈에 보이지 않는 감정을 언어로 표현하는 순간, 그 감정은 가시화되어 개념화된다.

---

15. 리사 펠드먼 배럿, 『이토록 뜻밖의 뇌과학』 (2023), 7쪽.

감정눈금 효과

감정을 눈에 보이게 만든다는 작업 역시 선 긋기와 혼잣말 바꾸기로 할 수 있다. 단, 이 선 긋기는 지금까지 했던 하나의 선을 그리는 것보다 더 복잡하다. 또한 사전 학습이 필요하다. 감정을 구체적인 틀 속에 넣는 가시화 작업은 그 감정을 조절할 수 있다는 착각을 일으키기도 한다.

하지만 중요한 점은 도구 자체보다는 그 해석 과정이다. 어떤 도구를 사용하든, 그 도구를 어떻게 해석하느냐가 관건이다. 감정을 가시화하는 것은 그 자체로 중요하지만, 그 해석의 깊이가 중요하다. 연극적인 해석이 가능하다면, 감정은 더욱 쉽게 조절될 수 있다. 왜냐하면 연극적인 해석이란, 내가 느끼는 감정이 어떤 상황에서 어떻게 드러날 수 있을지에 대한 상상을 포함하고 있기 때문이다.

예를 들어, 슬픔을 느끼는 상황에서 그 슬픔을 단순히 언어로 표현하는 것이 아니라 슬픔이 어떤 장면에서 어떻게 연기될 수 있는지 상상하고, 그 감정의 흐름을 시나리오처럼 만들어가는 과정이 필요하다.

따라서 감정을 조절하고 조율하는 첫 번째 단계는 감정을 이해하는 것이며, 그 다음은 그 감정을 해석하고 표현하는 것이다. 이때 중요한 것은, 감정이 단순히 눈에 보이지 않는 것이 아니라 그것을 구체적으로 인식하고 다룰 수 있는 방법이 존재한다는 것이다.

그 방법이 바로 언어화와 연극적인 해석이다. 그렇다면 이런 역할놀이 사고를 해보자.

만약 (감정에 눈금이 있다) 라면?

그 감정눈금은 아래 그림이다. 이러한 눈금이 있으면 좋은 점은 측정이 가능하다는 것이다. 정확히 말하면, 측정이 된다는 뇌의 착각을 불러일으키기 좋다는 것이다.

저 감정눈금은 제리 & 에스더 힉스가 쓴 『감정연습』(2019)이라는 책에 나오는 22단계 감정 안내 눈금을 내가 '감정눈금'이라고 이름을 바꾸고, 눈금 모양으로 재구성하여 만든 디자인이다.

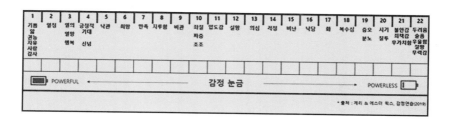

감정눈금에는 22개의 눈금선이 있다. 거기에는 각각의 숫자마다 감정 단어들이 있다. 그리고 하단 양 끝을 보면 'POWERFUL(에너지가 꽉 찬)' 그리고 'POWERLESS(에너지가 없는)'라고 표시되어 있다.

먼저 현재 내 감정 상태에 해당하는 감정 단어가 있는 곳에 번호를 체크해 보자. 예를 들어, '나는 지금 열정이 있는 상태다.' 라고 한다면, 2번에 해당된다. 그 밑을 보면 'POWERFUL(에너지가 꽉 찬)'에 가깝다는 것을 알 수 있다. 그래서 당신은 지금 연료를 가득 채운 자동차와 같은 상태다. 시동만 걸면 어디로든 이동이 가능하다. 즉 자기 자신과 타인에게 쉽게 공감할 수 있는 에너지가 충분한 상태라고 할 수 있다.

반대로 21번에 있는 불안 상태라면, 당신은 'POWERLESS(에너지가 없는)' 상태다. 그런 상태에서도 사람들을 상대하고, 공감해 줘야 하는 일을 하고 있다면, 이는 연료 부족인 자동차로 고속도로를 달리고 있는 상태라고 할 수 있다. 아무리 성능 좋은 최신형 자동차라도 연료가 없으면 멈출 수밖에 없다. 공감 시스템이 탑재되어 있어도 그 시스템이 작동되지 않는 상태, 즉 자신과 타인을 공감하기 어려운 상태인 것이다.

이런 눈금 선을 통해 우리는 눈에 보이지 않는 내면의 에너지를 측정할 수 있다는 느낌을 받는다. 마치 병원에서 진단을 받듯이 말이다.

이런 감정눈금 가시화는 나의 에너지 상태를 인식하게 해 준다. 정확히 말하자면, 그런 것 같은 착각을 주는 것이다. 나는 처음 이 '감정 안내 눈금'을 봤을 때, 이것이 어떤 과학적 근거를 가지고 있는지 확인하고자 했다. 아쉽게도 그 책에 과학적 근거나 그 출처에 대한 명확한 설명은 없었다.

그런데 우리 뇌가 사실을 믿는 것이 아니라 내가 믿고 싶은 것을 본다는 관점으로 보자, 다른 감정과 관련된 가시화 도구들보다 이 감정눈금이 내 공감두뇌 작동 상태를 설명하는 데 더 효과적이라는 결론에 이르렀다. 그래서 당신도 이를 활용해 자신의 내면 상태를 혼잣말로 언어화하기 바란다.

"나는 지금 1번 상태에 있구나? 왜 그럴까?"

이렇게 내 현재 상태와 원하는 감정 상태를 쉽게 언어화, 문장화 할 수

있다. 게다가 감정을 1번, 2번과 같은 숫자로 바꿔 부를 수 있다. 이것의 장점은 감정과 거리두기가 가능하다는 것이다.

> "나는 지금 화가 나!"
>
> "나는 지금 17번 상태에 있구나! 왜 그럴까?"

왜 이렇게 표현하느냐면, 화라는 단어를 내뱉음으로써 그것이 프레임이 되어 진짜 그 감정이 내 감정처럼 느껴진다. 그것을 거리두기 하는 방법으로 감정 단어를 숫자로 바꿔 부르는 것이다. 반대로 내 감정을 표현하고, 수용하고 싶을 때는 '화가 나', '지루해'처럼 감정 단어로 표현하면 된다.

이 감정눈금의 또 다른 장점은 저 숫자들을 보면서 내가 바꾸고 싶은 감정의 목표를 정하고, 그 감정 상태가 되려면 내가 뭘 해야 할지를 앞서 언급한 선 긋기 방법으로 결정할 수 있다는 것이다.

이것은 과학적이라기보다는 연극적인 방식이다. 감정을 분석하는 것은 심리학자나 뇌 과학자가 더 잘할 수 있겠지만, 예술가, 연출가, 배우들은 그런 감정을 연출하는 데 더 능숙하므로 이런 방식을 참고할 필요가 있다.

문제는 저 22개의 감정눈금을 모두 기억할 수 없다는 것이다. 책을 보면서 체크해 보는 것도 좋은 방법이지만, 저 감정눈금을 일상에서 즉각적으로 활용하기 위해서는 다음과 같이 응용해 볼 수 있다. 바로 구간을 나누는 것이다. 그렇게 하면 언어화 하는 게 더 쉬워진다.

'감정구간'을 나눠 쉽고 빠르게 감정을 이해하고 공감하기

이것은 임의로 나눈 것이다. 2개, 4개, 5개 구간으로 나눠도 된다. 단순화 하면 할수록 뇌는 더 빠른 선택, 연출이 가능하므로 3구간으로 나눴다. 내가 1, 2, 3구간에 각각 어떤 감정 단어들이 있는지 구체적으로 알지 않아도, 대략적으로 내가 어느 구간에 있는지를 판단할 수 있다. 그렇게 되면, 이런 식의 자기 대화, 속으로 하는 혼잣말이 가능하다.

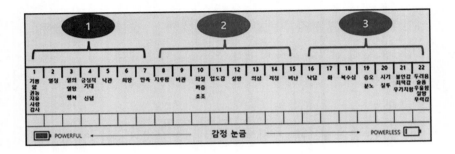

"아! 나는 지금 3구간에 있구나! 에너지 방전 상태구나."

"그래서 지금 나 팀장을 공감하는 게 고통이구나. 지금 필요한 건,
충전이구나. 무엇으로 충전을 할까?"

연습을 할 때는 감정눈금으로, 공연(실제상황, 재방송 상황)에서는 1, 2, 3구간 이미지를 떠올리면서 간결한 혼잣말을 해보는 것을 추천한다. 또는 아래와 같이 선 긋기를 해서 재 디자인해도 좋다.

1구간 "공감 남용 상태 조심"	2구간 "보통"	3구간 "공감 불능 상태 조심"

1구간에서는 에너지가 많은 상태로 자칫 지나친 공감 남용을 할 수도 있다. 타인에게 과도한 간섭을 한다거나 지나친 표현을 할 수도 있다는 것이다. 3구간에서는 에너지가 없는 상태로 자칫 공감불능 상태, 즉 '쫄면 상태'가 될 수 있다. 이런 언어화, 수치화로 내 상태 혹은 타인의 감정 상태를 설명하고, "왜 그럴까?", "어떻게 할까?" 라는 혼잣말 물음을 던져보는 것이 바로 두뇌공감 시스템을 핸들링 하는 연출일 것이다.

'관점'을 바꾸는 선 긋기 : 주사위 효과

관점 바꾸기는 2장에서 이미 자세히 다루었으며, 지금까지 진행한 모든 선 긋기 활동이 사실 관점 바꾸기의 일환이다. 관점이 바뀌면 감정이 변하고, 공감이 쉬워지기 때문에, 이 책에서는 '관람력'이라는 개념을 통해 관점 바꾸기를 강조했다.

이제 '타인 역할 주사위 단면'을 활용하여, 나와 타인을 바라보는 관점을 바꾸는 실습을 해보자. 이 역시 감정눈금처럼 하나의 선이 아닌 여러 개의 선 긋기다.

선 긋기는 결국 프레임, 즉 틀을 만들어내는 작업이다. 하나의 선 긋기를 바탕으로, 이후 다양한 형태의 선을 만들어가거나 새로운 선을 발견할 수 있다.

1장에서 다뤘던 역할 스티커를 타인 주사위의 각 단면으로 적용하는 것이다. 내가 공감하고 싶은 상대 또는 나에 관한 정보를 이 주사위에 채워보는 것이다. 주사위를 완전히 채워도 좋고, 4, 5, 6면에 단점이나 부정적인 면만 채우거나, 1, 2, 3면에는 긍정적인 면만 채워도 된다. 전체를 가시화해서 보면, 나와 타인의 다양한 면을 봐주는 것이고, 일부만 보는 것은 보고 싶은 것을 선택해서 보는 효과를 줄 수 있다. 편집을 어떻게 하느냐에 따라 고정관념을 키울 수도 있고, 다양성을 키울 수도 있다.

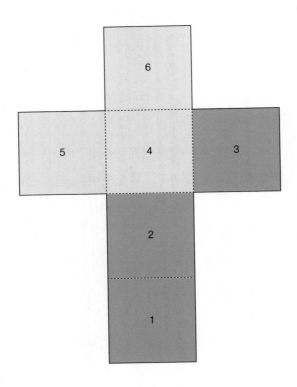

예를 들어, 나 팀장이 자신을 성향을 이렇게 구분해서 두었다면, 자신

의 4, 5, 6면을 보면서 이런 면 때문에 팀원들이 힘들어 할 수 있다는 것을 알아차릴 수도 있고 1, 2, 3면을 보면서 자신의 장점을 어떻게 강점으로 만들 수 있는지 모색해 볼 수도 있다. 또한, 4, 5, 6면에서 나타나는 단점들을 인식하고 이를 개선하기 위한 방법을 고민하며, 팀원들에게 더 나은 리더로 다가가기 위한 방안을 찾을 수도 있다.

만약 이게 안 대리가 나 팀장이라는 타인에 대해 자신이 느낀 것을 구분해 둔 것이라면, 안 대리는 이걸 통해 상사인 나 팀장의 성향을 인정할 수 있는 도구로 삼을 수 있다. 예를 들어, 나 팀장을 긍정적으로 보고 싶다면 4, 5, 6면의 부정적인 내용을 지우고 1, 2, 3면에 있는 긍정적인 면만을 남겨, 그 중 하나를 혼잣말로 만들어서 속으로 말해 보는 것이다.

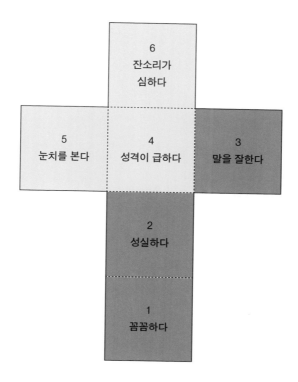

2번 혼잣말 : "나 팀장님은 성실한 분이야!"

평소 안 대리라면, 나 팀장의 6번 단면만을 보며 "진짜! 저, 입만 나대는 라떼!" 라는 혼잣말을 했을 수 있다.

하지만 반전의 내면 대사를 통해 저렇게 속으로 말해 본다면, 나 팀장에 대한 시각이 달라지며, 그에 대한 공감과 이해의 폭이 넓어질 수 있다.

이렇게 주사위 효과를 활용한 관점 바꾸기는 단지 외적인 변화뿐만 아니라 내면적인 대사의 변화를 이끌어낼 수 있다.

공감 여정의 끝

결국 우리는 보고 싶은 대로 나를, 타인을, 그리고 상황을 본다. 이를 어떻게 다르게 볼 것인지를 결정하는 것은 공감 연출력이며, 그 노력은 공감을 위한 관람력을 키우는 일이다.

지금까지 제시한 선 긋기, 혼잣말 바꾸기, 가시화 기법들은 연극적 기법을 도입했을 뿐 그 자체가 새롭다고 할 수는 없다. 거듭 강조하지만, 공감은 방법의 문제가 아니라 그 방식을 어떻게 가져가느냐와 태도에 관한 문제이다. 내가 진정으로 자신과 타인을 다르게 보고, 다른 결과를 만들고자 한다면, 내가 할 수 있는 것과 할 수 없는 것을 구분하고, 나를 출발점으로 삼아 공감의 여정을 떠나야 한다.

공감의 종착역은 결국 '상호 공감'이다. 우리는 결국 관계를 맺고 소통하는 존재이기 때문이다. 하지만 그 출발점은 분명히 '자기 공감'이다. 언제 어디서나 타인과 연결될 수 있는 휴대폰을 손에 쥐고 있는 지금, 타인과의 연결은 끊을 수 없다. 이런 공감의 환경 속에서, 나를 잃지 않으면서도 서로에게 도움이 되는 관계를 만들어가는 것이 공감의 여정을 스스로 연출하는 일이다. 이 과정에서 중요한 것은 일방적인 이해나 무조건적인 포용이 아니라 상대의 선을 존중하고 자발적으로 한 발 물러설 줄 아는 매너다. 상대의 선을 존중하며, 공감의 경계를 세우는 것이 진정한 공감이다. 선 긋기와 혼잣말 바꾸기를 통해 지혜로운 선을 만들고, 그 선을 연결하기를 바란다.

또한, 합의된 선을 넘어 각자의 경험대본을 업데이트하는 내면의 각색 작업을 함께 해 주어야 한다. 서로가 편집장 역할을 맡으면, 경험의 편집은 훨씬 수월해진다. 이를 통해 공감은 나를 지키면서 타인의 선을 존중하고, 그 경계를 넘어서 더 나은 경험을 함께 만들어가는 여정이 된다.

그 과정에서 자주 함께하는 사람들과 때로는 맞지 않아 어려운 상황에 처할 수 있다. 그러나 포기하지 않고, 종착지까지 무사히 도달하기를 바란다. 공감을 즐거운 공연, 기꺼이 해볼 만한 연극으로 승화시키길 바란다.

나에게는 관객이 있다

대학로에서 예술가들을 대상으로 강연을 한 적이 있었다. 연극이라는 예술과 기업 교육을 접목해 강연극을 연출한 내 경험을 들려달라는 요청이었다. 전공도 입장도 다른 다양한 분야의 예술가들에게 나의 어떤 이야기가 도움이 될지 고민하며 그 강연을 준비했다. 강연이 끝난 직후, 교육생이던 한 공예가가 나를 따라 나왔다.

"공예 예술을 하면서 나에게 관객이 있다는 사실을 잘 인식하지 못했어요.

그런데 오늘 강연을 통해 깨달았어요.

나에게는 관객이 있구나!"

대화 내내, 그의 눈은 반짝였다. 무엇이 그 눈에 불을 밝혀주는 역할을 했을까? 그것은 '관객'이었을 것이다. 그런데 여기서 한 가지 의문이 생긴다.

'늘 관객과 마주하는 예술가가 어떻게 관객을 의식하지 못할 수 있지?'

왜냐하면, 여기서 말한 '관객'은 단순히 공연장이나 전시장에서 작품을 감상하는 사람만을 뜻하는 것이 아니었기 때문이다. 나와 내가 하는 일(예술)에 관심을 가지고 바라보는 모든 이를 관객으로 본 것이다. 그때 나는 모두에게 "나에게는 관객이 있다!"라는 문장을 세 번 외쳐보게 했다. 이는 단순한 구호가 아니라, 4장의 '혼잣말 바꾸기'와 같은 효과를 주는, 일종의 '다 같이 하는 혼잣말'이었다. 이는 뇌 속에서 또 다른 연극이 펼쳐질 수 있도록 돕는 내면의 대사 바꾸기라고 할 수 있다. 의식적 브레인 롤플레잉 연출은 이런 간단한 방법으로도 충분히 가능하기 때문이다.

공식적이든 개인적이든, 온라인이든 오프라인이든, 우연이든 필연이든, 나와 내가 하는 일에 관심을 가지는 사람은 반드시 존재한다. 그렇기 때문에, "나에게는 관객이 있다!"라는 말은 예술가뿐만 아니라 우리 모두에게 해당되는 말이 될 수 있다.

"나는 혼자 일하는데?"
"아무도 나에게 관심이 없어!"
"내가 하는 일은 결코 눈에 띄는 일이 아니야!"

만약 이런 내면의 대사가 떠올랐다면, 앞에서 이야기 했던 '최소관객', 즉 내 뇌 속에서 펼쳐지는 연극을 볼 수 있는 유일한 관객인 나 자신도 엄연한 관객임을 기억하자.

그러나 굳이 최소관객을 소환하지 않아도, 우리에게는 반드시 관객이 존재한다. 누군가를 본다는 것, 관심을 갖는다는 것은 인간에게 의식적인 행위라기보다 무의식적인 반응에 가깝기 때문에, 없다고 느껴지는 것뿐이다.

우리 뇌 속에 거울 시스템이 타인을 보면, 자동문처럼 반응한다는 것을 기억하자! 사무실에서, 길거리에서 혹은 TV 화면 속에서 누군가를 보며 '머릿결 참 좋다!', '와! 키가 참 크다.' 라는 생각을 해본 적이 있는가? 그때가 바로, 당신이 누군가의 관객이 되었던 순간이다. 그 순간 그는 당신에게 배우였지만, 당신의 뇌 속에서 펼치는 연극을 관람할 수 없기에 자신이 배우였다는 사실조차 모른다.

마찬가지로, 당신 역시 누군가의 뇌 연극 속에서 배우임을 인식하지 못한다.

"나에게는 관객이 있다"는 말은 바꿔 말하면, '나는 배우다.' 라는 뜻과 같다. 그렇기 때문에 진짜 직업 배우가 아니더라도, 내가 누군가에게 '보이는 사람'이라는 인식을 가지면 진짜 매력적인 배우처럼 눈빛과 언행, 태도가 달라지기도 한다. 나를 보는 관객에게 더 나은 모습과 행동을 보이고 싶다는 열망이 생기기 때문이다. 그 결과, 자신이 하는 일에 책임감을 가지고, 더 많은 정성을 기울이게 된다.

물론 관객이 있다는 사실이 늘 힘이 되는 것만은 아니다. 때로는 나를 보는 누군가가 있다는 것이 부담과 짐으로 느껴질 때도 많다. 특히 직장에서는 더욱 그렇다. 그 시선이 나를 응원하는 팬과 같은 눈빛이 아니라 안티처럼 느껴질 수도 있기 때문이다. 그럴 때에는, '나는 배우다.'라는 인식 대신, 4장의 '극적인 선긋기'를 활용함으로써 '반대로 역할 바꾸기'를 해보자!

"나는 (   )의 관객이다!"

"어떤 관점으로 봐줬을 때, 그에게 힘이 될까?"

이것은 배우 대신, 관객이라는 역할 인식을 스스로 선택하는 것이다.

앞서 "나에게는 관객이 있다."라는 말이 공예가의 눈빛을 빛나게 했던 것처럼, 누군가의 관객이 된다는 결심을 하는 순간, 우리는 '관람력'을 갖게 된다. 그런 능력을 가진 관객이 되려면, 저 문장 속 빈 괄호에 들어갈 배우를 누구로 할 것인지 스스로 결정해야 한다. 또한 그 배우를 '타인 역할 주사위 단면'에 두고, 6면을 다 채워볼지, 아니면 2~3개 면만을 볼 것인지 혹은 보지 않을 것인지를 선택한다면 그것은 '연출력'을 발휘하는 것이 된다.

자동으로 맡게 되는 일상 속 배우와 관객 역할을 이렇게 번거로운 과정을 거쳐 반복해서 연출해 본다면, 당신의 공감 수준은 분명 달라질 것이다. 특히 누군가의 눈빛을 빛나게 만드는 좋은 관객이 되기 위해 노력한다면, 그 공감 능력은 진짜 당신의 것이 될 것이다.

두뇌의 공감 시스템의 시동을 거는 '만약 라면(If)'의 역할놀이 사고는 라면 끓이기만큼이나 우리에게 익숙한 사고방식임을 기억하자! 요리를 잘하지 못하는 사람도 라면은 쉽게 끓일 수 있는 것처럼, 이 사고를 통해 마음만 먹으면 얼마든지 타인의 뇌를 경험할 수 있다는 것도 잊지 말자!

부디, 당신이 원하는 브레인 롤플레잉을 펼치는 데 이 책이 좋은 참고서가 되기를 바란다. 공감이라는 '라면(If)'을 끓이는 데 이 책이 요리책처럼 쓰이기를 희망한다.

원하는 연극을 연출하라

다정한 리더십을 발휘하고 싶어 했던 4장에서의 '나 팀장'을 기억하는가? 팀장이라는 역할 스티커를 붙인 그 인물의 마지막 브레인 롤플레잉을 관람하며 이 책의 진짜 막을 내리고자 한다.

#09. 나 팀장의 브레인 롤플레잉 : 결코 입만 나대지 않는 라떼!

"팀장님 아마, 당분간 기획팀 인력충원은 없을 거예요. 충원돼 봐야 인턴 한 명 정도?"

인사팀장이 귀띔해 준 말이다. 좀비 이 과장의 이직을 시작으로 장 대리의 병가, 김 과장의 TF팀 차출까지…. 그들의 빈자리는 한 달이 지난 현재까지도 계속 비어 있다.

'본부장이 우리 팀을 없애고, 결국 나를 자르려고 저러는 걸까?'

원래의 나였다면, 이런 비극적 결말의 연극대본을 수없이 써내려가며,

스스로를 괴롭혔을 것이다. 물론 지금도 불쑥불쑥 그런 걱정 연극이 내 뇌를 점령하기도 한다. 만약 그렇게 되면, 내 직장생활의 마지막 직책은 '팀장'일 것이다. 아직 팔팔한데 자꾸 "이 나이에 날 받아 줄 회사가 있을까?"라는 혼잣말이 나온다. 운이 좋으면, 같은 업종의 다른 회사로 이직을 할 수도 있겠지만, 큰 기대는 없다.

인력 충원은 언제 될는지…. 오늘도 기약이 없다. 그래도 점심 먹고 인사팀에 들러 또 닦달을 할 거다. 다행히 지금은 안 대리가 장 대리 역할을 그럭저럭 잘 해 주고 있다. 나 역시 장 대리 업무의 일부를 맡아서 하고 있다. 또다시 실무를 겸하는 관리자로 돌아온 것이다. 관리자와 실무자의 역할은 엄연히 다른데…. 어쩔 수 없다. 누구나 멋진 리더십을 발휘하는 멋진 팀장이 되고 싶다. 나만 그런가?
그러나 실무와 관리를 병행하며, 좋은 리더십까지 펼치는 리더가 되는 건 쉽지 않다. 그럼에도 나는 이제 다정한 리더가 되고 싶다. 소심한 원래의 내 모습에 조금의 여유를 장착해, 제법 다정한 리더인 듯 안 대리를 살뜰하게 챙긴다. 그럴 때마다 장 대리 생각이 난다. 진즉 나다운 리더십을 발휘했다면, 장 대리에게 그렇게 똥폼을 잡지는 않았을 텐데…. 언제나 타이밍이 제일 중요하다. 장 대리가 누리지 못한 내 다정한 리더십의 혜택은 안 대리가 누리고 있다.
그런데 이런 걸 전화위복이라고 해야 하나? 다섯 명이 꽉 차 있던 한 달 전보다 나는 지금이 더 좋다. 진짜 리더가 된 기분이 들어서다. 지금은 똥폼을 버리고 그냥 내가 하고 싶은 대로의 나를 연기하고 있다. 어쩌다 일 잘하는 장 대리처럼 일하는 안 대리와 다정한 리더가 되고 싶은 내가 의외의 꿀 조합이 되어 저 세 사람의 빈자리를 그럭저럭 메워내고 있다. 갑자기 성실하고, 싹싹하고, 눈치 빠른 팀원으로 변신한 안 대리 덕분이다. 비록 둘뿐이지만, 호흡이 늘 척척 맞는 건 아니지만, 그래도 둘이서 기막히게 업무를 쳐내고 있다. 과장, 대리 각각 둘씩이나 있는 다른 팀들보다 우리 둘, 아니 우리 팀이 훨씬 낫다. 요즘 나는 열두 척의 배로 어마 무시한 적군의 배들을 물리친 이순신 장군의 기분을 자주 느낀다. 진작 허 본부장에게 본받은 리더십 아닌, 내가 펼치고 싶은 리더십을 발휘할 걸.

안 대리는 난파 직전의 배 위에서 이순신 팀장이 된 내 지휘를 충실이 따르며, 어마 무시한 업무를 맹렬히 처리해 내고 있다. 그래도 가끔은 내 입맛에 맞게 결제를 올려주던 장 대리와 전문가 김 과장이 그립기도 하다. 아니다. 안 대리도 훌륭하다. 장 대리는 그래도 과장 둘, 대리 둘 이렇게 팀원들이 다 있었을 때였으니까.
장하다! 일 잘하는 안 대리.

내가 사장이라면, 월급이라도 올려주고 싶지만, 어쩔 수 없이 맛있는 점심을 사 주며, 어르고 달랬다. 다정한 리더로 변신한 나도 나지만 안 대리 역시 어떻게 하루아침에 전혀 다른 사람 모드로 전환할 수 있는 건지 그저 신기할 따름이다. 분명 외형은 안 대리가 맞는데, 전혀 다른 모드다. 마치 점찍고 다른 사람인척 연기하던 그 옛날 라떼 막장드라마 주인공과 같다. 안 대리는 어떨 땐 장 대리 모드로, 어떨 땐 김 과장 뺨치는 전문가 모드로 순식간에 역할 변신을 하고 있다.
이 드라마가 언제 끝날지 모르지만 나도, 안 대리도 예전과는 다른 역할 연기를 펼치고 있고 있다. 아직까지는….

과연 안 대리의 브레인 롤플레잉도 나 팀장과 비슷할까?

우리가 만나는 그들의 뇌 연극은 여기까지이므로 그 의문은 이제 당신의 브레인 롤플레잉에 달려 있다. 내가 연출한 브레인 롤플레잉은 여기까지다. 저 이야기의 뒷 이야기는 당신의 뇌가 연출해 봐야 한다.

| 감사의 말 |

마지막으로, 지난 23년간 강의와 강연극을 통해 만난 수많은 기업 직장인 교육생들과 강연극에 함께한 배우들, 그리고 가족들에게 감사의 마음을 전하고자 합니다.

저에게 이 책을 집필한 지난 2년은 강사에서 작가로 역할을 바꾼 값진 시간이었고, 브레인 롤플레잉 그 자체였습니다. 눈앞에 있는 관객(교육생)을 상대하는 강의와 달리, 글쓰기는 보이지 않는 미래의 관객(독자)을 끊임없이 상상하며 진정한 역할놀이를 펼치는 일이었기 때문입니다.

덕분에 지난 20여 년간 강의와 강연극으로 만난 직장인 교육생들이 얼마나 소중하고 감사한 존재였는지를 다시금 깨닫게 되었습니다. 그분들이 관객이자 배우 역할을 함께 해 주었기에, 내가 했던 강의와 강연극이 가치 있게 완성될 수 있음을 감사하게 생각합니다. 또한 강연극 속 직장인 캐릭터들을 연기해 주신 배우들에게도 감사의 마음을 전하고 싶습니다. 교육생들과 배우들 덕분에 내 머릿속 상상연극으로만 끝날 수도 있었던 이야기들이 강연극으로 연출되었고, 브레인 롤플레잉 이야기를 담은 책으로 세상에 나올 수 있었습니다.

이 책이 누군가의 공감 소통 리더십에 도움이 되는 경험대본으로 쓰이길 바랍니다. 자신이 원하는 브레인 롤플레잉을 펼칠 수 있는 작은 용기와 삶의 힌트가 되었으면 합니다.

저 역시 이 책을 쓰며 경험한 브레인 롤플레잉을 바탕으로, 더욱 새롭고 다양한 '뇌와 연극을 활용한 공감교육'을 공연해 가겠습니다.

언젠가, 책이든 강연이든 또 다른 무대에서 함께하길 바랍니다. 감사합니다.

2025년 4월

강연극 연출가 고보

타인의 뇌를 경험하는 역할놀이 사고법
당신의 뇌를 공감합니다

지은이 고보
발행일 2025년 4월 30일
펴낸이 양근모
펴낸곳 도서출판 청년정신
출판등록 1997년 12월 26일 제 10-1531호
주 소 경기도 파주시 경의로 1068, 602호
전 화 031) 957-1313 팩스 031) 624-6928
이메일 pricker@empas.com
ISBN 978-89-5861-250-6 (03320)